blv garten plus

STEINGÄRTEN

Die schönsten Pflanzen
Planen • Gestalten • Pflegen

blv

Inhalt

Ein eigener Steingarten

Eigentlich sind Steine im Garten ja eher ein Ärgernis, zumindest wenn sie in den Beeten immer wieder nach oben kommen. Solche Findlinge, oft Bauschutt und auch Scherben, sind auch denkbar schlecht für unser Vorhaben geeignet. Denn nicht jeder Garten mit Steinen ist ein »Steingarten«.

Die Zottige Gämswurz *(Doronicum clusii)*, hat sich mit ihrem niedrigen Wuchs dem Leben im Hochgebirge angepasst.

Meist wird der Wunsch nach einem Steingartenbereich im eigenen Garten bei einem Urlaub im Gebirge oder dem Besuch eines Alpinums in einem botanischen Garten geweckt.
Die bunte Blütenpracht, die uns dort, besonders im Frühjahr, in ihren Bann zieht, wird einen begeisterten Pflanzenfreund nicht mehr loslassen.
Kaum entlässt der Winter die Matten und Felsen der Hochgebirge aus seinem eisigen Griff, bricht an allen erdenklichen Stellen eine bunte Fülle durch den schmelzenden Schnee. Krokusse, Alpenglöckel, Täschelkraut und in den Felsspalten das Hungerblümchen sind die ersten Vorboten eines Feuerwerks leuchtender Frühlingsfarben. Besondere Faszination übt die Überquerung eines Gebirgspasses im April oder Mai aus. Während man oben auf der Passhöhe noch im tiefen Winter steckt, beginnt auf dem Weg ins Tal eine zauberhafte Reise durch alle Stufen des Bergfrühlings bis zur Blüte der Kirschbäume in den geschützten Tälern.

◀ Schöne Steingärten entstehen durch ein ausgewogenes Verhältnis zwischen Steinen und Pflanzen.

Leben im Hochgebirge

Um sich vor den rauen Winden in den Höhenlagen zu schützen, haben sich die meisten Pflanzen zu Zwergen oder, wie die Silberwurz *(Dryas octopetala)*, zu flach auf dem Boden oder Gestein aufliegenden Teppichen entwickelt. Die nur ca. 2 cm hohe, alpine Matten bewohnende Krautweide *(Salix herbacea)* breitet ihre Ästchen unterirdisch aus und bringt nur Zweigspitzen und Blättchen an die Erdoberfläche. Felsspaltenbesiedler wie der Schweizer Mannsschild *(Androsace helvetica)* schmiegen sich in enge Spalten und bilden dort dichte Polster. Andere Pflanzen wie das bekannte Edelweiß *(Leontopodium alpinum)* schützen sich mit einem dichten Haarkleid vor zu großer Kälte und zu starker Sonnenstrahlung. Viele der auch aus dem Garten bekannten Arten wie Blaukissen *(Aubrietia)*, Gänsekresse *(Arabis)*, Polsterphlox *(Phlox)* und einige Glockenblumen *(Campanula)* besiedeln Schutthalden. Sie kriechen zwischen den Steinen und überziehen große Flächen mit ihren Polstern.
Oberhalb der alpinen Blumenrasen und Matten schließt sich die nivale Höhenstufe an. In einer Höhe von ca. 3000 m bleibt der Schnee neun Monate liegen, an verschiedenen Stellen sogar das ganze Jahr über, und es können sich Gletscher bilden. Hier wird die zum Wachstum zur Verfügung

Die Blütenfülle einer Steingartenböschung fasziniert besonders im Frühling mit leuchtenden Farben zwischen den Steinen.

stehende Vegetationsperiode so kurz, dass nur noch zwergwüchsige Pflanzen überleben können, deren Kultur häufig erfahrenen Spezialisten vorbehalten bleiben muss.

Ein eigenes Stück Großglockner

Ist man dem besonderen Reiz der Gebirgspflanzen erst einmal verfallen, nimmt der Wunsch, sie im eigenen Garten zu pflegen, schnell Gestalt an. Ob der Garten groß oder klein ist, ob nur ein Balkon oder eine Terrasse vorhanden ist – Platz für ein eigenes Stück Großglockner ist immer.

Für unsere Steingärten stehen Pflanzen aus fast allen Gebirgen der Erde zur Auswahl. Strohblumen aus den Drakensbergen (Südafrika), Polsterphloxe und Freilandkakteen aus den Rocky Mountains, Glockenblumen aus den Karpaten und dem Kaukasus, Enziane aus den Alpen und Primeln aus dem Himalayja sind nur einige davon.

Die für eine erfolgreiche Pflege der Gebirgspflanzen notwendigen Voraussetzungen lassen sich mit etwas Geschick problemlos herstellen. Bei einer entsprechenden Bodenvorbereitung gedeihen auch etwas anspruchsvollere Pfleglinge im Garten. Kleinwüchsige Pflanzenschätze lassen sich gut in Trögen bzw. Balkonkästen kultivieren. Die trockenresistenten Hauswurz-Arten *(Sempervivum)* gedeihen schon auf einem Torpfosten oder einer Gartenmauer prächtig und geben sich mit einer Hand voll Erde zufrieden.

Erfahrene Alpinengärtner denken auch schon mal über die Anschaffung eines **Alpinen-Gewächshauses** nach. Darin lassen sich auch sehr schwierig zu pflegende Gebirgspflanzenschätze kultivieren, z. B. Pflanzen der neuseeländischen Alpen, die in unseren Breiten nur bedingt winterhart sind.

Möglichkeiten für einen Steingarten

Ideale Voraussetzungen für Steinanlagen bieten natürlich Gärten mit entsprechendem Gefälle. So lassen sich zur Abstützung des Geländes notwendige Mauern auch als **Trockenmauern** (mörtellose Mauern) mit Erde in den Fugen ausführen. Sie sind ideale Lebensräume für viele Steingartenpflanzen. Freilandkakteen und Fetthennen-Arten eignen sich darin für heiße, trockene Lagen, Frühlingssteinbrech für halbschattige und Farne für schattige Stellen. Aber auch Besitzer ebener Gärten müssen nicht auf Steinanlagen verzichten. Oft ist der Aushub eines Gartenteiches die ideale Basis zum Aufbau eines Alpinums. Bei der **Kombination**

von Teich oder Bachlauf mit Steingarten sind die Bedürfnisse der Gebirgspflanzen leicht zu erfüllen, da in unmittelbarer Nähe zu Wasser erhöhte Luftfeuchtigkeit und damit verbundene Kühle herrscht. Mit **Senkgärten** können wir lauschige Sitzplätze schaffen und gleichzeitig an den abgesenkten Rändern schöne Trockenmauern gestalten. Viele Häuser verfügen über angeböschte Terrassen. Auch hier lassen sich reizende Steingärten aufbauen. Höhere, immergrüne Gehölze schaffen Sichtschutz und sind gleichzeitig ein schöner Hintergrund für den Steingarten.

Der Gestaltung eines Steingartens oder Alpinums sind kaum Grenzen gesetzt. Die Möglichkeiten reichen von einer natürlichen Anlage, in der ein kleiner Gebirgsausschnitt nachgestaltet wird, bis hin zu architektonischen Anlagen, bei denen sich zu einer abstrakten Formgebung auch ungewöhnliche Materialien wie Recyclingstoffe kombinieren lassen.

Besonders reizvoll können Kombinationen zwischen naturbelassenen und geometrisch bearbeiteten Steinen sein.

Tröge und Tongefäße eignen sich besonders für kleinwüchsige Pflanzen.

Troggärten

Nur wenig Platz benötigt ein **»Troggarten«**. Dafür eignen sich eine Vielzahl von Gefäßen, sie lassen sich sogar selbst herstellen (siehe Seite 17).

Da diese Troggärten mobil sind, lassen sie sich zum Schutz der Bepflanzung vor zu viel Niederschlägen schnell unter ein Vordach transportieren.

Für die Troggärtnerei sind vor allem schwachwüchsige Pflanzen geeignet. Dabei lassen sich auch empfindlichere Pflanzenschätze optimal betreuen. Die Boden- und Standortansprüche kann man in idealer Weise berücksichtigen. Viele in der Zwischenzeit leidenschaftliche Alpinpflanzensammler hatten mit einem kleinen Troggarten den ersten Kontakt zu dieser faszinierenden Pflanzenwelt.

Gleichgültig, für welche Art von Steingarten man sich entscheidet, die Beschäftigung mit diesen Pflanzenzwergen birgt ein gehöriges Suchtpotential in sich, und die große Vielfalt erschwert die Beschränkung auf nur wenige Pflanzen. Erfahrene Liebhaber spezialisieren sich deshalb nicht selten auf wenige Pflanzengattungen oder -familien. Frühlingssteinbreche der Sektionen Kabschia und Engleria bilden mit über 500 Arten und Sorten relativ weit verbreitete Sammelobjekte. Auch die kleinwüchsigen Arten und Sorten von Glockenblumen und Nelken sind bis auf wenige Ausnahmen leicht zu pflegen und in vielen Pflanzensammlungen vertreten. Gräser und Farne sind nicht weniger interessant, werden aber nur von ganz wenigen Spezialisten gesammelt.

auf einen blick

- Gebirgspflanzen haben interessante Zwergwuchsformen entwickelt.
- Die Möglichkeiten, einen Steingarten anzulegen, sind sehr vielfältig.
- Ein bepflanzter Trog ist oft der Anfang der Steingartenleidenschaft.

Einen Steingarten planen

»Vor den Erfolg hat der Herr den Schweiß gesetzt.« Selten trifft dieser Spruch so direkt zu wie beim Aufbau eines Steingartens oder eines noch aufwändiger gebauten Alpinums. Jeder, der einmal mit großen Steinbrocken gearbeitet hat, weiß um die schweißtreibende Arbeit. Eine durchdachte Planung kann den Aufwand merklich reduzieren.

Selbst auf einem gut erreichbaren Flachdach ist die Anlage eines Steingartens möglich. Vorher muss aber unbedingt die statische Belastbarkeit der Konstruktion abgeklärt werden, da mit den Steinen hohes Gewicht auf das Dach kommen.

Welcher Platz ist geeignet?

Zunächst ist zu klären, wo im Garten der beste Platz für eine Steinanlage ist. Wird dies nicht schon durch die natürliche Geländesituation vorgegeben, empfehlen sich sonnige Südost-, Süd- oder Südwestlagen. Südseiten mit Beschattung während der Mittagsstunden sind für die meisten Steingartenpflanzen optimal. Schutz vor Mittagssonne können wir aber auch durch geschickte Positionierung größerer Steine oder Gehölze erreichen. Ebenfalls geeignet sind absonnige Gartenbereiche im Schatten von Gebäuden, aber nach oben offen. Ungünstig sind Schatten- und Halbschattenbereiche unter größeren Bäumen. Zum einen fehlt hier ausreichendes Sonnenlicht, zum anderen trocknen die Pflanzen nach einem Regenschauer nur sehr langsam ab.

Da unser Steingarten ein optischer Glanzpunkt im Garten werden soll, ziehen wir gut einsehbare Stellen vor. Ideal sind Bereiche in unmittelbarer Nähe des Sitzplatzes. Ist ein Teich ebenfalls in Planung, kann der anfallende Aushub bereits als Unterbau für unser kleines Gebirge dienen. Eine wesentliche Bereicherung erfährt die Kombination Steingarten und Gartenteich dann, wenn der Zulauf des Teiches als kleiner Bach im Steingarten entspringt.

Ausreichend frischer Wind ist für das Wohlbefinden der Gebirgspflanzen notwendig, bei einer einigermaßen freien Lage des gewählten Standortes aber meist vorhanden. Einen vermeintlich großen Vorteil hat der Gartenbesitzer, dessen Grundstück bereits über geeignete Höhenunterschiede verfügt. Andererseits kann es die gestalterischen Freiheiten auch einschränken, da man im Wesentlichen eben doch an diese Gegebenheiten gebunden ist.

◀ Ein niedriger Trockenmauerwall ist gut geeignet, um die Terrasse von der Rasenfläche abzugrenzen.

Wie soll unser Steingarten aussehen?

Zunächst muss eine wichtige Frage geklärt werden: Wie viel Zeit wollen oder können wir für die Pflege unseres Gebirges aufbringen? Soll die Anlage Spaß und Freude bringen, darf die Betreuung nicht in Stress ausarten. Die Pflege einer größeren Steinanlage kann sehr aufwändig werden. Steht nur wenig Zeit zur Verfügung, sollten wir uns auf einen kleineren »Berg« beschränken, eventuell mit der Option einer späteren Erweiterung. Auch bei der späteren

Kleinpolstrige Pflanzenschätze beherrschen das Bild dieses Alpinums eines erfahrenen Pflanzenkenners.

Pflanzenauswahl stellt sich uns nochmals die Frage nach der Intensität, mit der wir unsere Leidenschaft betreiben wollen. Robuste, schnell wachsende Polsterpflanzen geben sich mit wesentlich weniger Aufmerksamkeit zufrieden als zwergige Arten. Entscheiden wir uns für die pflegeleichte Variante, so fällt auch die Planung einfacher aus, und wir können uns dabei im Wesentlichen auf die Gestaltung des Geländereliefs beschränken.
Je nach der Gegebenheit, die wir in unserem Garten vorfinden, kann dieses sehr unterschiedlich sein. Beginnend bei der Böschung zur Terrasse, die etwas abwechslungsreicher erscheinen soll, bis hin zu einem völlig eigenständigen Senkgarten, den wir gleichzeitig als etwas abgeschiedenen Sitzplatz entwerfen.

Die großflächigen Polster von Gänsekresse, Polsterphlox und Steinkraut kommen an großen Böschungen besonders gut zur Geltung.

Natürlicher Charme – die Trockenmauer

Im Gegensatz zu den anderen bisher besprochenen Möglichkeiten für unsere Pflanzenlieblinge hat eine Trockenmauer nicht nur gestalterische Gründe, sondern dient in der Regel auch dazu, Gefälle und Böschungen abzufangen bzw. zu stützen. Wie der Name sagt, wird die Mauer ohne Mörtel, also trocken aufgebaut. Diese Methode ist seit alters bekannt und z. B. in Weinbaugebieten immer noch weit verbreitet. Wie eine Trockenmauer im Detail gebaut wird, finden Sie auf Seite 25 beschrieben.

Etwas Theorie zum Anfang

Ein harmonisches Gesamtbild erhalten wir, wenn wir uns an ein paar Gestaltungsregeln halten. Optische Spannung entsteht durch das Verhältnis zwischen größeren und kleineren Bauteilen, Entfernungen und Flächen. Ein wesentliches Hilfsmittel hierfür ist das **Prinzip des goldenen Schnitts.** Dabei verhält sich der kleinere Teil zum größeren wie der größere zum Ganzen, was ungefähr einer Tei-

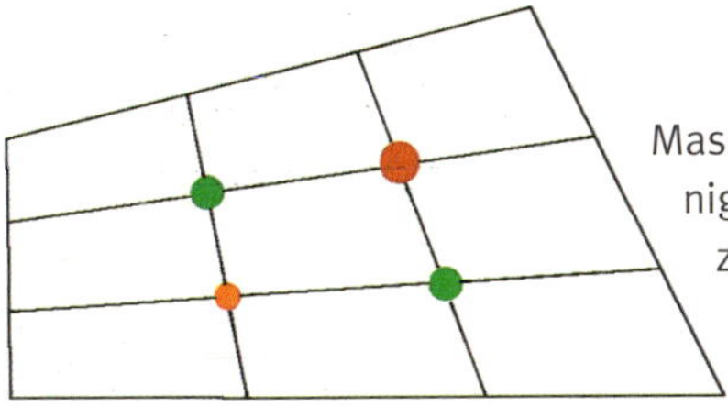

Die Flächenaufteilung nach dem **Prinzip des Goldenen Schnittes** bringt optische Spannung, wenn beim roten Punkt ein dominantes Gehölz oder ein großer Felsbrocken die Szene beherrscht.

lung von 1/3 zu 2/3 entspricht. Dies klingt kompliziert, ist aber bei der Planung leicht zu verwirklichen. Steht z. B. eine Grundfläche von 3 m x 3 m zur Verfügung, so setzen wir unseren Berggipfel nicht in die Mitte, sondern in die Nähe der unserem Beobachtungspunkt gegenüberliegenden Ecke, mit einem Seitenabstand von ca. 1 m zu den beiden Kanten. So erhalten wir eine Flächenaufteilung von 1/3 zu 2/3. Zudem ergibt sich vorne und hinten unterschiedlich steiles Gefälle, das wir auf der flacheren Seite als Geröll- bzw. Schuttfläche und auf der steileren Rückseite als schroffe Felslandschaft ausgestalten können. Eine weitere Grundregel betrifft das **optische Gleichgewicht.** Dazu stellen wir einem auf einer Seite platzierten größeren Felsbrocken zwei bis drei kleinere gegenüber, um eine gleichmäßige Verteilung der optischen Masse zu erreichen. Nur in wenigen Fällen setzen wir einzelne Steine, sondern meist kleinere Gruppen aus zwei, drei, fünf oder sieben unterschiedlicher Größe. Steht das felsige Grundgerüst, können wir mit dem bei der Arbeit zur Genüge anfallenden Bruchmaterial die Zwischenräume verschieden dicht übersäen. Der Kontrast zwischen Felsblock und feinerem Geröll sorgt für zusätzlichen Reiz. Ein gleichförmiger, symmetrischer Aufbau wirkt stets künstlich und ziemlich langweilig.
Für Trockenmauer, Mauerwall oder Senkgarten greifen wir, je nach Geschmack, auf gerichtete oder grob gerichtete Mauersteine zurück. Sehr schön sind auch gerichtete Sandsteine (Fundamente), die gelegentlich beim Abbruch alter Scheunen oder Bauernhäuser frei werden.

Steingarten kommt von »Stein«

Einige Grundsätze müssen wir uns bei der Gestaltung mit Steinen zu Eigen machen. Sind die Steine einmal gesetzt, bleiben nur wenige Möglichkeiten, bei der Bepflanzung optische Korrekturen vorzunehmen, da die meisten Pflanzen eher schwachwüchsig bzw. polsterbildend sind. Deshalb muss unsere Anlage bereits ohne Bepflanzung einen »guten Eindruck« machen. Die zum Aufbau notwendigen Steine beschaffen wir uns im

Der beste Ideengeber für unser Gartengebirge ist die Realität einer natürlichen Felslandschaft. Ihr natürlicher Einfallsreichtum verblüfft uns immer wieder und bietet Lösungsvorschläge für die kompliziertesten Gartensituationen.

In den engen Spalten zwischen den Schieferplatten fühlen sich Felsspaltenpflanzen sehr wohl.

Baustoffhandel oder direkt in einem Steinbruch. Da das Material sehr schwer ist, Kalkstein ca. 2,5–3 Tonnen pro Kubikmeter, ist die Transportentfernung für den Preis ausschlaggebend. Es empfiehlt sich deshalb, das in nächster Nähe vorkommende Gestein zum Aufbau zu benützen. Haben wir die Möglichkeit, Steine im Steinbruch auszusuchen, sollten wir dies für die markanten Felsen unseres Gebirges nützen. Die restlichen Steine bestellen wir nach Gewicht. Eine Empfehlung für die benötigte Menge ist nur schwer zu geben, da sie je nach Vorhaben zu stark schwanken kann. Für eine mittlere Terrassenböschung mit einigen Felsbrocken sind unter Umständen 2–3 t ausreichend, für ein richtiges Alpinum mit ca. 20 qm ca. 10 t plus Bruch- und Schottermaterial. Für 1 qm Trockenmauer benötigen wir ca. 1 t Gestein. Meist erschrickt der noch unerfahrene Steingartengärtner vor dem riesigen Steinhaufen, den der LKW vor die Gartentüre kippt, und fragt sich nach Abschluss der Arbeiten, wo der ganze Berg geblieben ist.

Für die Planung und Ausführung unseres Vorhabens ist es relativ gleichgültig, ob wir ein Kalk- oder Silikatgebirge aufbauen. Man sollte aber bei einer Gesteinsart bleiben. Haben wir die freie Auswahl, ziehen wir Kalkstein als Baumaterial vor, da die Kalksteinflora reicher ist und eine größere Pflanzenauswahl bietet. Grundsätzlich verwenden wir für Steingarten und Alpinum keine Kieselsteine oder Kies, da dieses Material nur in Flussläufen und Seen oder in Moränen zu finden ist, sondern Bruchsteine. Zu detaillierte Planung lohnt meist nicht, da sich der Aufbau erst aus der Form der einzelnen Steine ergibt und diese dann in der richtigen Kombination zueinander wirken.

Ein Wort zu den Gesteinsarten

Gärtner unterscheiden die verschiedenen Gesteinsarten natürlich nach anderen Kriterien als

① Die gelbe Farbe kennzeichnet den Jurakalk der Schwäbischen Alp. ② Im Alpinum ist Kalktuff ein begehrtes Baumaterial. ③ Granit ist ein typisches Silikatgestein.

Bildhauer oder Geologen. Für sie zählt im Wesentlichen die Wirkung der Gesteine auf Pflanzen und Boden. Eine entscheidende Rolle spielt dabei der pH-Wert. Vereinfacht dargestellt, entstehen auf Silikat- bzw. Urgesteinen torfig-humose, saure Böden mit niederem pH-Wert (4,5–5,5) und auf Kalkgestein tonige, basische bzw. alkalische Böden mit hohem pH-Wert (7,5–8,5). Mit ansteigendem pH-Wert werden Nährstoffe, Eisen und andere lebenswichtige Spurenelemente zunehmend im Boden gebunden.

Die Mehrheit der Gebirgspflanzen ist auf eine der beiden Gesteinsgruppen spezialisiert. Reine Silikatbesiedler, die wir auch als Kalk fliehende Pflanzen bezeichnen, sind im Kalkgestein unweigerlich zum Tod verurteilt. Bei den Pflanzenporträts wird darauf noch näher eingegangen.

Auch wenn wir den Grundsatz, das Baumaterial für unseren Steingarten aus möglichst nahe gelegenen Vorkommen zu beziehen, beachten, ist es vor allem für den fortgeschrittenen und erfahrenen Alpinenliebhaber reizvoll, mit **unterschiedlichen Gesteinsarten** möglichst vielen Gebirgspflanzen ideale Lebensbedingungen anzubieten. Selbstverständlich sollen die einzelnen Gesteine aus pflanzenbaulichen

Primula auricula, die Aurikel, ist eine Primel der Kalkgebiete der Alpen.

Primula hirsuta, ein Vertreter der Silikatflora, bewohnt die Urgesteinsgebiete der Zentralalpen.

und gestalterischen Gründen nicht miteinander vermischt werden. Möchten wir nur wenige Pflanzenschätze in speziellen Gesteinen kultivieren, bildet die Troggärtnerei eine sinnvolle Ergänzung.

Kalkgesteine

Haben wir die freie Auswahl zwischen einzelnen Gesteinsarten, entscheiden wir uns für die leichter verwitternden. In der Gruppe der Kalke sind dies der meist weiße, graue oder graugrüne Muschelkalk und der gelbliche Jurakalk. Kalkknollensteine bieten mit ihren natürlichen Löchern viele Bepflanzungsmöglichkeiten. Wesentlich härter sind Dolomit und Marmor. Kalkgesteine sind meist Sedimentgesteine und deshalb mehr oder weniger stark geschichtet. Sie fallen im Steinbruch in der Regel als Blöcke an. Weichere Typen können in einzelne Platten zerfrieren.

Eine Sonderstellung nimmt der **Kalktuff** ein. Dabei handelt es sich um ein sehr hartes Kalkgestein, das von Korallen aufgebaut wurde. Kalktuff ist auch unter der Bezeichnung Spagettistein oder Korallenkalkstein im Handel. Leider ist er sehr teuer. Durch seine schwammige Struktur und chemische Widerstandskraft ist er hervorragend auch für die empfindlichsten Pflanzenschätze geeignet und besonders bei erfahrenen Alpinenliebhabern begehrt.

Silikatgesteine

Bei den Silikatgesteinen sind Granit, Serpentin und Grauwacke besonders hart, Sandstein, Porphyrtuff und die allerdings weniger gut geeignete Lava verwittern leichter. Besonders gut geeignet sind Gneis und Schiefer.

Gesteinsfarbe und -größe
Je nach Herkunft sind die meisten Gesteine unterschiedlich gefärbt. Wir sollten uns bei der Auswahl aber auf einen, maximal zwei bis drei miteinander harmonierende Farbtöne beschränken. Breit gefächert ist dagegen der Bedarf an unterschiedlichen **Gesteinsgrößen.** Je nach Umfang unseres Vorhabens benötigen wir von Bruchsand ab 0/4 mm (zum Einmischen in die Erde) bis hin zu größtmöglichen Blöcken alle angebotenen Korngrößen.

Bei architektonisch gestalteten Steingartenbereichen kann man, ähnlich wie bei der Troggärtnerei, gut auf die individuellen Bedürfnisse der Pflanzen eingehen. So bietet die Kugelform von heißvollsonnig auf der oberen Halbkugel über absonnig und absonnig mit Regenschutz bis vollschattig unterhalb des »Äquators« fast alle erdenklichen Pflanzplätze.

Diese Kugeln im Botanischen Garten Utrecht, Niederlande, bestehen aus Bauschutt.

Unter Berücksichtigung vernünftiger Proportionen zur gesamten Anlage schränkt die verfügbare Technik die Größe der einzelnen Quader ein. Eventuell kann ein kleiner Bagger oder »Bobcat« wertvolle Hilfe leisten. Vorausgesetzt, er kann unser Steingartenareal ohne große Flurschäden im Garten erreichen. Sind wir auf pure Muskelkraft angewiesen, erleichtern eine stabile Sackkarre, ein paar Hebeeisen, Pickel und Spaten und verschiedene Kanthölzer die Arbeit.

Der architektonische Steingarten

Einen etwas anderen Weg beschreiten wir bei Planung und Bau eines so genannten architektonischen Steingartens.

Dabei entfernen wir uns vom natürlichen Vorbild einer Felslandschaft und verleihen unserer Gestaltung eher den Charakter einzelner Skulpturen. Bruchstücke von Waschbetonplatten oder Dachziegel eröffnen neue Gestaltungsmöglichkeiten. Die Kombination verschiedener Gesteinsarten und Formen, z. B. senkrechte Basaltsäulen mit dazwischen aufgeschichteten Kalktuffbrocken oder einzelne Kalkknollen bzw. Tuffbrocken auf Metallständern, können Gebirgspflanzen optimale Lebensbedingungen bieten. Da bei derartigen Konstruktionen in der Regel keine Verbindung zum gewachsenen Boden besteht, muss ein besonderes Augenmerk auf die Bewässerung gelegt werden, was die Pflege nicht unbedingt vereinfacht.

Der Mini-Steingarten im Trog

Die Troggärtnerei ermöglicht es uns, unserem Hobby auch auf Terrasse und Balkon zu frönen. Neben ausgedienten Futtertrögen sind frostsichere Schalen und Untersetzer aus Ton, Holzkästen und Fässer, aber auch normale Balkonkästen gut geeignet.
Für handwerklich geschickte Gärtner bietet sich auch die Eigenherstellung an. Sandstein ist leicht zu bearbeiten und mit etwas Erfahrung und passendem Werkzeug lässt sich daraus schnell ein schöner Trog zaubern.

Reizvoll ist die Kombination eines dunklen Holzrahmens mit überquellendem Kalkstein.

Tröge selbst gießen

Wer nicht mit Hammer und Meißel arbeiten möchte, kann so genannte **Hypertufa-Tröge** aus einer Sand-Torf-Zement-Mischung gießen. Bewährt hat sich ein Mischungsverhältnis von 2 Teilen feinem Torf, 3 Teilen Betonsand und 2 Teilen Zement, die trocken vorgemischt werden. Bei Bedarf kann die bereits feuchte und puddingähnliche Mischung mit Silikat-Volltonfarben eingefärbt werden. Die relativ weiche Masse muss in stabile Formen gegossen werden.
Bei der Formgebung sind der Fantasie aber keine Grenzen gesetzt. Die Wandstärke sollte ab einer Kantenlänge von 35–40 cm ca. 5 cm nicht unterschreiten. Zur besseren Stabilität setzen wir eine Armierung aus Estrichgitter ein. Die innere Form kann aus einem Styroporblock hergestellt werden, der sich nach oben konisch erweitert. Auf dünnen Rundhölzern wird er über die Gitterarmierung in die äußere Form gestellt. Die dadurch entstehenden Bodenlöcher dienen später als Wasserabzug.
Äußere und innere Form überziehen wir vorher mit PE-Folie. Somit bindet die Mischung langsamer ab, und die Formen lassen sich später leichter entfernen. Vorsichtig ausgeschalt wird vor dem endgültigen Abbinden bei noch weicher Oberfläche. Mit der Drahtbürste, einem Meißel oder vorsichtigen Hammerschlägen können wir unserem Trog ein verwittertes Aussehen verleihen. Nach etwa zwei Wochen ist der Trog komplett durchgetrocknet und kann bepflanzt werden.
Bei allen Gefäßpflanzungen ist ein sicherer Wasserabzug obligatorisch. Es empfiehlt sich deshalb, die Gefäße ca. 2–3 cm vom Boden entfernt aufzustellen. Da sich die Auswahl der Pflanzen für unser Gebirge im Kleinen nach der Gefäßgröße richtet, sind kleine Gefäße auf Dauer nur dann schön, wenn wir uns auf klein bleibende bzw. langsam wachsende Pfleglinge beschränken.

Bei der Gefäßbepflanzung ist eine ausreichende Drainage wichtig. Ein Vlies verhindert das Verschlämmen mit Feinerde.

In einem von Trockenmauern eingerahmten Senkgarten hält sich die Wärme besonders gut. Hier lohnt sich ein Versuch mit etwas frostempfindlicheren Pflanzen.

Ein Senkgarten zwischen Trockenmauern

Selbst auf ebenen Grundstücken ist es möglich, Trockenmauern zu errichten, wenn wir einen Teil der Gartenfläche zu einem Senkgarten in die Tiefe absenken. Tiefe und Größe des abgesenkten Bereiches sind abhängig von der verfügbaren Fläche bzw. von den persönlichen Bedürfnissen. Ob rechteckig oder mit rundem Grundriss, finden unsere Pflanzen auch hier wieder Plätze von voller Sonne bis zu tiefem Schatten. Echte Schattenwirkung kommt allerdings erst bei einer Mindesttiefe von ca. 1 m auf. Empfehlenswert ist es, den Bodenbelag aus dem gleichen Steinmaterial wie die Umfassungsmauer zu erstellen. Bei ausreichend großer Fläche lassen sich schöne Sitzplätze gestalten, eventuell sogar mit kleiner Grillecke. Zur Bepflanzung eignen sich vor allem Duftpflanzen und stark aromatische Pflanzen, da sich ihr Aroma in der geschützten Atmosphäre besonders gut einfangen lässt. Auch eine Kombination aus Steingartenböschung mit Trockenmauern ist jederzeit möglich. Um den anfallenden Aushub zu entsorgen, kann ein Steingarten oder Alpinum direkt angeschlossen bzw. integriert werden.

Die Verbindung von Stein und Wasser

Der Einbau eines kleinen Bachlaufes in unseren Steingarten ist ohne großen technischen Aufwand realisierbar. Zur Auswahl stehen Pumpen mit 220 V Netzbetrieb, für deren Einsatz wir eine Stromversorgung verlegen müssen, sowie Pumpen, die über ein Solarmodul mit der notwendigen Energie versorgt werden. Für einen kräftigen Wasserfall sind allerdings die noch leistungsstärkeren Pumpen mit Netzanschluss vorzuziehen.

Beim Einbau schwerer Felsbrocken in den Bachlauf wird die Teichfolie mit einer doppelten Vlieslage geschützt.

Ein Wasserfall im Steingarten erhöht die Luftfeuchtigkeit, was den empfindlichen Pflanzen zugute kommt.

Idealerweise mündet unser Bachlauf in einen kleinen Teich, aus dem die Pumpe direkt ansaugen kann. Bereits bei der Planung des Teiches sehen wir größere »Felsbrocken« im Uferbereich vor, um die Technik und den zur Quelle führenden Schlauch zu verstecken. Die Verlegung der Schlauchleitung braucht nicht in frostsicherer Tiefe erfolgen, da die Pumpe im Winter sowieso ausgebaut werden muss.
Zur Abdichtung der Wasserflächen eignet sich am besten Teichfolie ab 1 mm Stärke. Um sie vor Beschädigungen durch die Steine zu schützen, verlegen wir die Folie auf eine Geotextilmatte. Der Einbau der Teichfolie erfordert besonders im Bachlauf große Sorgfalt, da sie nach Abschluss der Arbeiten nicht mehr zu sehen sein darf.
Durch Folienfalten quer zur Wasserströmung entstehen kleine Stauseen, die besonders gut zur Bepflanzung geeignet sind, da das Wasser dort auch stehen bleibt, wenn die Pumpe ausgeschaltet ist. Sie können mit etwas Geschick durch Steine getarnt werden.
Im Bachlauf und Steingartenteich verwenden wir ebenfalls Bruchsteine und keine Kiesel. Überstehende Folienkanten lassen sich gut mit Schottersteinen tarnen. Für den unerfahrenen Teichbauer stellt der Bau eines natürlich wirkenden Bachlaufes und Teiches im Steingarten allerdings eine gehörige Herausforderung dar und sollte nicht ohne entsprechende Unterstützung in Angriff genommen werden.
Die Gestaltungsmöglichkeiten von Steingartenanlagen sind so vielfältig, dass sich bereits bei der Planung immer wieder neue Alternativen auftun. Sehr schnell kann der unerfahrene Gärtner dabei den roten Faden verlieren. Es ist deshalb ratsam, sich vorab mehrere Steinanlagen anzuschauen und mit befreundeten Steingartengärtnern verschiedene Möglichkeiten durchzusprechen. Auch der fachmännische Rat eines erfahrenen Gartenplaners ist oft nützlich.

auf einen blick

- Sonnige, halbschattige und schattige Plätze sind für einen Steingarten geeignet.
- Die Pflege größerer Steinanlagen und empfindlicher Pflanzenschätze ist zeitaufwändig.
- Bereits bei der Planung sind gestalterische Grundregeln zu beachten.
- Steingarten, Bachlauf und Gartenteich lassen sich gut zu einer harmonischen Einheit verbinden.

Aufbau und Vorbereitung

Bei der praktischen Umsetzung unserer theoretischen Planvorgaben stoßen wir gelegentlich an unsere Grenzen. Mit wachsender Routine ergeben sich aber immer wieder zufriedenstellende Ergebnisse, wenn wir nach verschiedenen Lösungsansätzen suchen.

Obwohl es in sonnigen Lagen sehr schön ist, kann das Hornkraut *(Cerastium tomentosum)* mit seinem Ausbreitungsdrang zum Unkraut werden.

Vorbereitungsarbeiten

Nachdem das Planungsstadium abgeschlossen ist, geht es nun an den ersten Spatenstich. Falls noch nicht geschehen, untersuchen wir zunächst die vorgesehene Fläche nach unliebsamen Überraschungen. Bei aufgeschütteten Grundstücken können wir mitunter allerlei vergrabenen Bauschutt finden, den wir vollständig entfernen.

Unkrautbekämpfung

Bevor wir so richtig loslegen können, müssen wir die vorgesehene Fläche unkrautfrei machen. Besonders **Wurzelunkräuter** wie Disteln, Winden, Quecken, Sauerampferarten und Giersch sind unbedingt auf Dauer zu entfernen. Zur sicheren Bekämpfung bleibt leider nur der Einsatz der chemischen Keule. Herbizide mit dem Wirkstoff Glyphosat oder Glyphosat-Varianten wie 'Roundup Ultra' oder 'Unkrautfrei Weedex' haben sich gegen diese Problemunkräuter gut bewährt. Dazu stellen wir gemäß Beipackzettel eine Spritzlösung her, die wir bei windstillem, trockenem Wetter auf die Blätter der Unkräuter spritzen. Sind in der geplanten Fläche nur wenige Wurzelunkräuter vorhanden, kann man auch eine höher konzentrierte Streichlösung mit Schwamm oder Pinsel direkt auf die Unkrautblätter ausbringen. Das spart Mittelmenge und schont die Umwelt. Da die Pflanzen den Wirkstoff ausschließlich über das grüne Laub aufnehmen ist eine intensive Benetzung wichtig. Anschließend darf es für einige Stunden nicht regnen, damit der Belag nicht abgewaschen wird. In den folgenden Tagen verfärben sich die Blätter gelblich, und nach zwei bis vier Wochen sterben die Pflanzen ab. Bei extrem starker Verunkrautung kann eine zweite Behandlung nötig werden. Grundsätzlich dürfen die behandelten Unkräuter erst entfernt werden, wenn sie abgestorben sind und sich leicht aus dem Boden ziehen lassen. Danach warten wir zur Sicherheit nochmals zwei bis drei Wochen ab. Erscheinen in dieser Zeit keine neuen Unkrauttriebe mehr, können wir davon ausgehen, dass die Fläche sauber ist.

Durch die relativ lange Wartezeit ist es ratsam, schon im Vorjahr, mindestens aber einige Monate vor Baubeginn damit anzufangen. Eine spätere Bekämpfung dieser Problemunkräuter ist wiederum auch nur nach der besprochenen Methode möglich. Der gelegentliche gut gemeinte Rat von Hobbygärtnern, dass Wurzelunkräuter auch durch

◀ Schon vor dem Abschluss der Bepflanzung begeistert diese imposante Felsformation.

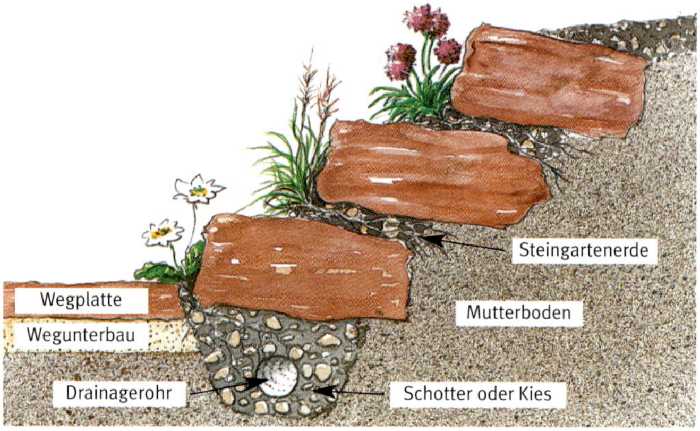

Besonders bei schweren Lehmböden ist der Einbau einer Drainage wichtig, um Vernässungen zu vermeiden.

wiederholtes Ausreißen vernichtet werden könnten, ist leider nicht zutreffend.

Falls wir bei unserem Steingartenbau Erde von einer anderen Gartenstelle einsetzen, kontrollieren wir natürlich auch hier sehr genau, ob Unkrautwurzeln enthalten sind.

Ein leider praktisch nicht bekämpfbares Unkraut ist der **Ackerschachtelhalm.** Hat er sich einmal eingenistet, bleibt meist nur die Kapitulation. Häufig wird er mit gekauftem Mutterboden oder in Wurzelballen in den Garten eingeschleppt. **Samenunkräuter** wie Vogelmiere, einjähriges Rispengras, Milchdistel usw. sind zwar weniger schön anzuschauen, stellen aber für unser Vorhaben kein Problem dar, da sie bei konsequenter Vorgehensweise leicht und schnell zu beseitigen sind.

Ackerschachtelhalm ist der Alptraum eines jeden Steingartenbesitzers.

Entwässerung

Ist unser Bauplatz so weit vorbereitet, gehen wir daran, den Untergrund auszuschachten und eine Drainage einzubauen. Soll unser Gebirge an einem vorgegebenen Hang entstehen, schaufeln wir am Hangfuß einen 20–30 cm tiefen Graben, dessen Seitenwand zum Hang in der Gefällelinie und auf der gegenüberliegenden Seite senkrecht verläuft. Auf eine etwa 5 cm starke Kies- oder Splittschicht verlegen wir nun ein Drainagerohr. Gut geeignet sind **Drain-Flex-Rohre** mit einem Durchmesser von 65 oder 80 mm. An der tiefsten Stelle muss das Rohr einen Auslauf haben – entweder einfach ins Freie, in einen Kanalanschluss oder in einen Sickerschacht. Um das Eindringen von Mäusen zu verhindern, drücken wir eine Maschendrahtkugel in die Rohröffnung. Besteht unsere Anlage aus einem Erdhügel, können wir auch eine Ringleitung verlegen, wobei die Enden mit einem T-Stück vor dem Auslauf miteinander verbunden werden. Es ist wohl selbstverständlich, dass der Auslauf an der tiefsten Stelle liegt. Auf das Drainagerohr kommt nochmals eine ca. 5 cm starke Kies- oder Splittschicht und darüber dann die Erde.

Steingartenerde

Als Steingartenerde verwenden wir eine Mischung aus vorhandenem Mutterboden und Gesteinssplitt der Körnung 5–8 und 8–11 mm, möglichst der gleichen Gesteinsart wie unsere »Felsbrocken«. Ist der Boden sehr schwer bzw. lehmig, kann es von Vorteil sein, Betonsand, maximal 20 %, hinzuzumischen. Soll unser Gebirge aus Kalkstein entstehen, verzichten wir bei der Mischung auf Torfzusatz. Als Dauerhumus können wir 10–15 % qualitativ hochwertigen Rindenhumus einmischen. Da die Bodeneigenschaften sehr verschieden sind, lässt sich nur bedingt eine Pauschalrezeptur nennen. Bei »normalen« Steingartenpflanzen reicht ein Splittanteil von ca. 30 %, bei komplizierter zu pflegenden Pflanzenschätzen kann der Splittanteil auf über 50 % ansteigen. Dünger geben wir keinen dazu. Da beim Aufbau immer wieder Steingartenerde benötigt wird, mischt man am besten gleich eine etwas größere Menge und lagert sie etwas abseits der Baustelle. Gegen Zuflug von Unkrautsamen wird der Erdhaufen mit einer schwarzen Folie abgedeckt. Gleichzeitig mit dem Entwässerungsgraben tragen wir zu humushaltigem Oberboden bis auf die dichteren, lehmigen Schichten ab und ersetzen ihn später durch unser Spezialgemisch. Beim Bodenabtrag ist es sehr wichtig, ein zur Drainage hinführendes Gefälle zu erhalten, damit Regen- und überschüssiges Gießwasser ungehindert ablaufen können.

Welcher Stein passt wohin?

Spätestens jetzt wird es Zeit, unseren Steinvorrat einem kritischen Blick zu unterziehen. Haben wir die Steine über lange Zeit selbst zusammengetragen, wissen wir vielleicht schon längst, wie wir sie positionieren wollen. Hat ein LKW die bestellten Steine aus dem Steinbruch soeben vor die Gartentüre gekippt, suchen wir als Erstes größere bzw. besonders markant geformte Felsbrocken heraus. Durch mehrfaches Drehen und Wenden finden wir die ideale Einbaulage. Für ein harmonisches Gesamtbild der Anlage werden rechteckige, eher längliche Formen nicht aufrecht stehend, sondern – wie in der Natur – flach liegend eingebaut. Bei der Steinauswahl muss berücksichtigt werden, dass zum sicheren Halt der schweren Steine im Gefälle beim Setzen ein wesentlicher Teil von ihnen im Erdreich verschwindet. Spätestens jetzt ist es unter Umständen sinnvoll, einige Skizzen mit verschiedenen Steinkombinationen anzufertigen. Außerdem empfiehlt es sich, einzelne Trittsteine zu setzen, damit später bei der Pflege alle Alpinumbereiche auf stabilen Steinen stehend zu erreichen sind. Haben wir uns für einen Entwurf entschieden, werden die entsprechenden Steinbrocken markiert, um Verwechslungen beim Einbau zu vermeiden.

Mit einer Schub- oder Sackkarre transportieren wir zunächst die für unser Bauvorhaben markierten Steine zum Bauplatz und beginnen mit dem Einbau der unteren Steine. Bei besonders feuchtem Untergrund werden sehr schwere Brocken in eine etwa 10 cm starke Splittschicht verlegt. Schließen die untersten Steine an eine Rasenkante, einen Wegebelag oder an »normalen« Gartenboden an, werden sie so gesetzt, dass sie ca. 5 cm unterhalb der Kante liegen. Wir achten darauf, dass alle eingebauten Steine eine leichte Neigung zum Hang haben. Regen-

Flache Steine werden liegend mit einer leichten Neigung zum Hang hin eingebaut.

Vorher: Dieser große Haufen Kalksteine wurde restlos für die Terrassenböschung verbraucht.

Nachher: Bei guter Pflege hat sich daraus nach einigen Jahren ein bereits sehr schön eingewachsener Steingarten entwickelt.

und Gießwasser laufen dann nach hinten in die Erde ab, und die Steine haben sicheren Halt im Gefälle, auch wenn mehrere übereinander geschichtet werden.

Jeder eingebaute Stein muss sicher sitzen, d. h., er darf nicht wackeln. Gegebenenfalls gibt man an den Wackelkanten etwas Erde oder Splitt unter den Stein. Oft kippelt ein neu gesetzter Stein über eine Nase auf der Unterseite. Liegt er direkt in Erde, wird an dieser Stelle noch etwas Erde abgenommen, liegt er auf einem Stein auf, wird die Nase mit einem Setzeisen (Flachmeißel) mit einem kräftigen Schlag entfernt und bei Bedarf mit leichten Schlägen nachgeputzt.

Um die in den Bergen häufig vorkommende natürliche Schichtung nachzugestalten, können wir mehrere zueinander passende flachere Steine aufeinander anordnen. Dabei empfiehlt es sich, die Steine etwas steiler gegen das Gefälle des Hangs zu neigen; der Aufbau wird dadurch stabiler. Zwischen die Steine kommt jeweils eine 3–5 cm starke Schicht unserer Steingartenerde.

Für eine ausreichende Wasserversorgung muss die Erde guten Kontakt mit dem Mutterboden bzw. der später aufgefüllten Steingartenerde haben. Um der Konstruktion Stabilität zu verleihen, neigen wir bereits den untersten Stein leicht zum Hang. Die Einbautiefe der Steine wird so gewählt, dass der Schwerpunkt der einzelnen Steine innerhalb der Gefällelinie der Böschung liegt. Damit ist ein späteres – unter Umständen sehr gefährliches – Abrutschen eigentlich unmöglich. Zwar verschwindet dadurch ein großer Teil eines Steinbrockens im Untergrund, aber die Standsicherheit unseres Gebirges sollte immer Vorrang haben.

Kleinklimazonen

Durch geschicktes Setzen der einzelnen Steine lassen sich verschiedene Kleinklimazonen ausbilden. Ordnen wir einzelne Steine im steileren Gefälle übereinander an, so ist es problemlos möglich, einen idealen Pflanzplatz für nässeempfindliche Pfleglinge zu schaffen: Wenn wir beispielsweise über einer senkrechten Spalte einen Stein einige Zentimeter nach vorne überstehen lassen, entsteht ein kleines Dach. Die Pflanze ist vor direktem Regen geschützt, erhält aber in der Spalte genügend Feuchtigkeit aus dem Untergrund. Ein in Südrichtung seitlich vorstehender Stein schützt hitzeempfindliche Pflanzen vor der zu kräftigen Mittagssonne – ein idealer Platz für Frühlingssteinbrech. Silberwurz und Kugelblume freuen sich über flache Steine, auf denen sie ihre Teppiche ausbreiten können. Auch dafür können wir sorgen, indem wir geeignete Steine etwas weiter nach vorne rücken. Selbstverständlich können diese Techniken auch beim Bau einer Trockenmauer angewandt werden.

Ein überstehender Stein schützt die nässeempfindliche *Draba rigida* vor direktem Niederschlag.

Je nachdem, wie wir die einzelnen Steine setzen, beeinflussen wir auch das Wasserangebot für die Pflanzung. Steiler geneigte Steine leiten mehr Wasser an die Wurzeln als flach liegende. Dies macht sich besonders bei der parallelen Anordnung flacher, plattenartiger Steine bemerkbar. Selbst innerhalb einer Spalte kann unterschiedliche Feuchtigkeit herrschen, oben trocken, nach unten immer feuchter. Bereits jetzt achten wir darauf, dass die Pflanzlöcher zwischen den gesetzten Steinen ausreichend groß sind, um später beim Pflanzen die empfindlichen Wurzeln der Gebirgspflanzen nicht unnötig zu beschädigen.

Gehölze, die im größeren Steingarten unverzichtbar sind, haben in der Regel relativ große und empfindliche Wurzelballen. Es empfiehlt sich deshalb, sie bereits jetzt zu pflanzen, während unser Gebirge noch im Entstehen ist. Sobald der Strauch in seiner endgültigen Position im Pflanzloch sitzt, muss das bei größeren Ballen vorhandene Ballenleinen geöffnet werden, um den im Lauf der Jahre dicker werdenden Stamm später nicht abzuschnüren. Es verbleibt aber um den Ballen im Boden. Ist das Pflanzloch verfüllt und leicht

Berühren Brocken den Stamm bzw. die Rinde der gepflanzten Gehölze, so schützen wir diese vor dem Aufscheuern mit einer Bandage aus Leder, einem alten Fahrradschlauch oder Ähnlichem.

verdichtet, können die nächsten Steinbrocken direkt darüber gelegt werden.

Der geübtere Steingartengärtner wird bereits während des Aufschichtens der Steinbrocken auch die Bepflanzung der engen Spalten vornehmen, da ein späteres Einfügen der Wurzelballen sehr aufwändig ist.

Bau einer Trockenmauer

Trockenmauern bieten nicht nur für unsere Steingartenpflanzen einen idealen Lebensraum, sondern auch allerlei nützliche Tiere fühlen sich hier wohl, etwa Eidechsen und Laufkäfer. Wie beim Mauerwall kann im Normalfall bis zu einer Höhe von ca. 1 m ohne Unterbau bzw. Fundament gearbeitet werden. Ist der Boden sehr feucht, stellen wir die erste Steinreihe auf eine Schotter- oder Splittunterlage von mindestens

Trockenmauerneulinge sollten für ihr Vorhaben ausreichend Zeit und Geduld mitbringen, da nur die wenigsten Steine auf Anhieb an die vorgesehene Position passen. Ratsam ist auch, zunächst einmal bei niedrigen Mauern oder einer Testmauer Erfahrungen zu sammeln. Ausdrücklich hinweisen möchte ich auf den Einsatz zweckentsprechender Arbeitskleidung wie Handschuhen, Sicherheitsschuhen und sicherem Werkzeug.

Aufbau einer Trockenmauer

Höhere Mauern stehen auf einem Unterbau aus Schotter. Die leichte Neigung zum Hang stabilisiert das Bauwerk und versorgt die Pflanzenwurzeln mit Wasser. ① Schotter (Unterbau), ② Steingartenerde, ③ Ankerstein, ④ Drainagematerial, ⑤ Mutterboden, ⑥ Drainagerohr

20 cm, über 1 m Mauerhöhe je nach Bodenfeuchte und Mauerhöhe auf mindestens 20–40 cm. Auch ein Drainagerohr mit sicherem Auslauf zur Entwässerung des Mauerhintergrunds sollte unbedingt eingeplant werden. Ihre stützende Funktion erhält die Trockenmauer, indem sie an den abgestochenen Hang angelehnt und der Zwischenraum im unteren Bereich mit Schotter, der obere Bereich mit Mutterboden oder abgemagerter Steingartenerde aufgefüllt und verdichtet wird. Statt Mörtel wird ein Gemisch aus Splitt und Mutterboden in die Fugen eingebracht. Die durch den Splitt entstehende Reibung zwischen den Steinreihen verleiht der Mauer ihre Festigkeit.

Für ausreichende Standfestigkeit sorgt ein Anlauf (Neigung zum Hang) von 10–15 %. Dazu wird bereits die erste Steinlage auf dem Unterbau mit einer entsprechenden Neigung nach hinten eingebaut. Alle darauf aufgeschichteten Steinreihen erhalten dann automatisch diesen Neigungswinkel. Eine gelegentliche Kontrolle mit Wasserwaage und Meterstab ist trotzdem ratsam. An der Mauerkrone sollten die Steine eine Tiefe (Breite) von ca. 25 cm haben, im unteren Bereich entsprechend stärker.

Um den Bodendruck gleichmäßiger zu verteilen, sollte die erste Steinlage aus den breitesten Steinen bestehen. Die senkrechten Stoßfugen können etwas breiter ausfallen, um den Wurzelballen der Pflanzen ausreichend Platz zu bieten. Die waagerecht verlaufenden Lagerfugen erhalten 2–3 cm Stärke. Unterschiedliche Steingrößen verleihen dem Bauwerk seinen besonderen Reiz. Überlange Lagerfugen und Stoßfugen über 2 Steinreihen sollten vermieden werden. So genannte Wechsler, die über 2 Steinlagen eingebaut werden, unterbrechen die Lagerfugen. Übermäßig große Steinquader stören den optischen Eindruck der Mauer und beeinträchtigen die Stabilität. Bei höheren Mauern können jedoch vereinzelt überlange Steine als Ankersteine quer zur Mauer in den Hang eingebaut werden, um die Standfestigkeit zu erhöhen.

Mit dem Wachsen der Mauer schwindet der Steinvorrat. Dann kann es notwendig sein, Steine zuzurichten bzw. zu spalten. Mit Hammer und Meißel ist dies besonders bei Kalksteinen leicht möglich, wenn entlang der Schichtung des Steins gearbeitet wird. Anfallender Bruch wird gleich hinter der Mauer als Drai-

Mit einem stabil aufgebauten Trockenmauerwall lassen sich auf einfache Weise ideale Lebensräume für Polsterstauden schaffen.

nagematerial entsorgt oder zum späteren Verkeilen der Pflanzen zur Seite gelegt.
Grundsätzlich werden alle Steine lagerhaft, d. h. wie in der Natur vorkommend, mit waagerecht liegenden Sedimentschichten verarbeitet. Bei senkrecht stehender Schichtung kann Wasser eindringen, und die Mauersteine werden durch Frost zerstört.
Während unsere Trockenmauer wächst, verfüllen wir gleichzeitig den Raum hinter der Mauer mit Drainagematerial bzw. abgemagertem Mutterboden (Fugenmischung). Damit sorgen wir für die nötige Stabilität und einen guten Kontakt der Fugenerde mit dem gewachsenen Boden, wichtig für gesundes Wachstum. Die Bepflanzung kann bereits während des Mauerns erfolgen. Weniger erfahrene Gärtner bepflanzen erst die endgültig fertiggestellte Mauer.

Trittsteine und Treppen

Selbstverständlich müssen für die einzelnen Pflegearbeiten alle Stellen unseres Gebirges gut erreichbar sein. Um Trittschäden in der Anlage zu vermeiden, setzen wir einzelne Trittsteine zwischen den Felsbereichen. Gut geeignet sind flachere Steine, die so groß sind, dass man sicher mit beiden

Ein besonderer Reiz ergibt sich, wenn die einzelnen Stufenteile aus mehreren Steinen aufgebaut werden. Auch bei Blockstufen können einzelne Stufen aus mehreren nebeneinander angeordneten Steinen bestehen. Die Zwischenräume und Fugen werden dann wie bei der Trockenmauer mit Steingartenerde aufgefüllt und leicht verdichtet.

Eine Treppe aus solide verlegten Steinplatten lässt sich gut in den Steingarten integrieren.

Beinen darauf stehen kann. Noch besser ist es aber, wenn wir immer wieder einmal zwei bis drei Steine so anordnen, dass auch Platz zum Knien oder Sitzen gegeben ist.
Ordnen wir einzelne Trittsteine mehr oder weniger an einer Linie entlang, ist schon eine Treppe entstanden, um unser Gartengebirge zu durchwandern. Besonders zur Blütezeit unserer Pflanzenlieblinge werden wir diese Möglichkeit schätzen lernen. Natürlich sind diese Wege nicht für größere Verkehrsbelastungen geeignet.

Treppenbau

Soll die Anlage von einer richtigen Treppe durchzogen werden, ist mehr Aufwand gefordert.
Bei bindigen Böden reicht es für unsere Zwecke voll aus, wenn wir die Stufen auf einem gut verdichteten Untergrund aufbauen.
Man unterscheidet verschiedene für das Steinmaterial geeignete Stufenarten:

- Bei **Blockstufen** werden Stufenhöhe und Auftrittfläche aus einem einzigen flachen Steinblock gebildet. Das erfordert entsprechend ausgesuchte große Steine. Beim Aufbau werden die einzelnen Stufen etwas überlappend gesetzt, so dass die obere Stufe immer auf der unteren aufliegt.
- **Legstufen** setzen sich aus mehreren Steinen zusammen. Dabei wird die Auftrittplatte der Stufe auf einen unterlegten Stein, den Legstein, aufgelegt. Dieser wiederum liegt entweder auf der darunter befindlichen Auftrittplatte der unteren Stufe oder dahinter auf dem stark verdichteten Treppenunterbau auf. Die Stufenhöhe ergibt sich aus Legsteinhöhe und Auftrittplattenstärke. Die einzelnen Treppenteile müssen exakt gesetzt und ausgerichtet sein. Diese Bauweise erfordert Geschick und Erfahrung im Umgang mit Steinen.
- **Stellstufen** bestehen ebenfalls aus mehreren Einzelteilen, sind aber einfacher aufzubauen. Die Stellplatten bilden die Stufenhöhe. Sie müssen ausreichend tief in den verdichteten Untergrund eingebaut werden, ca. 35–40 cm, da sie beim Auftreten, stark belastet werden. Zwischen den gesetzten Stellplatten wird Lehmboden oder Mineralbeton aufgefüllt und verdichtet. Abschließend wird die Trittplatte eingebaut, die dann mit der Oberkante der Stellplatte abschließt.

Sehr häufig begangene Treppen werden am besten aus Beton gegossen (links). Größere Höhenunterschiede im Garten lassen sich gut mit einer Trockenmauer abfangen (rechts).

Da die obere und untere Antrittstufe am stärksten belastet sind, ist bei ihrem Einbau deshalb besonders auf einen gut verdichteten Untergrund und sicheren Sitz zu achten. Die Bepflanzung kann wie im Alpinum bzw. Steingarten erfolgen. Flache Wegstrecken zwischen den Treppenläufen belegen wir mit den gleichen Steinplatten wie die Treppenstufen. Dazwischen füttern wir ebenfalls Steingartenerde ein und können auch hier die Fugen sehr schön bepflanzen. Treppenverlauf und Plattenwege sollten immer etwas in den Boden eingelassen sein. So wird seitliches Ausschwämmen der Unterbaumaterialien vermieden. Führt die Treppe nach unten, können wir einen Hohlweg schaffen, der durch verschiedene Sonneneinstrahlungsseiten interessante Pflanzplätze schafft.

Die Pflanzung vorbereiten

Soweit es nicht schon während des Aufbaus unserer Felslandschaft geschehen ist, verfüllen wir nun alle zur Bepflanzung vorgesehenen Spalten mit unserem Steingartenerdegemisch. Besonders in den engeren Fugen stochern wir etwas nach, um guten Kontakt zum Untergrund zu erreichen. Die zu Beginn ausgekofferten Flächen zwischen den Felsen werden ebenfalls mit dem Gemisch befüllt.
Einen natürlichen Eindruck gewinnt die gesamte Anlage, wenn

Kalkknollensteine sind ideale Pflanzplätze für Kalk liebende Pflanzen. Für gutes Gedeihen müssen die Pflanzlöcher einen sicheren Wasserabzug haben.

wir unterhalb der Felsformationen Schuttablagerungen nachbilden. Dazu bringt man schon vorab größere Geröllbrocken und einige Schottersteine in die gewünschte Position. Der Großteil der Schutthalde wird aber erst nach dem Pflanzen aufgebracht. Nach dem Abschluss der Steinarbeiten räumen wir die Baustelle auf, lagern überschüssige Steine jedoch in unmittelbarer Nähe, da sie noch gebraucht werden. Dann unterziehen wir unsere Schöpfung einem kritischen Blick aus mehreren Blickwinkeln und überlegen genau, ob das bisher aufgebaute Gebirge unseren Vorstellungen entspricht oder ob der eine oder andere Stein nicht in einer anderen Position oder Lage besser wirken würde. Bewässerungsrohre, Stromleitungen und Leerrohre sollten ebenfalls fertig eingebaut sein, bevor die Pflanzarbeit beginnt.

Einen Löwenzahnstecher – hier beim normalen Einsatz – kann auch zum Pflanzen in engen Spalten verwendet werden.

Das richtige Pflanzwerkzeug

Bevor es nun an die abschließende Pflanzarbeit geht, beschaffen wir das dafür notwendige Werkzeug. Gebirgspflanzen bilden in der Regel ein überproportional großes Wurzelsystem aus. In der Natur müssen sie damit in engen Felsspalten oder tiefgründigen Schuttfeldern nach Wasser suchen. Für uns Gärtner bedeutet das, dass wir beim Pflanzen zum einen grobe Verletzungen des Wurzelgeflechts unbedingt vermeiden sollten und zum anderen die Wurzeln möglichst tief in die Pflanzlöcher und Felsspalten einbringen müssen. Verschiedene Handschaufeln leisten dabei wertvolle Dienste. Mit einem **Löwenzahn- oder Unkrautstecher** lassen sich gut schmale und tiefe Pflanzlöcher zwischen Steinen und in Spalten ausstechen. Mit der **Jätekralle** kann man großzügig Erde aus schmalen Felsspalten entfernen, um flachgedrückte Wurzelballen einzuschieben. Nachdem wir mit einem Holzstab die Wurzeln in der Spalte angedrückt haben, füllen wir mit Steingartenerde wieder auf. Mit einem stabilen **Meißel** können einzelne Steine zum Pflanzen nochmals kurz angehoben werden. Um die Wurzeln ungestört in das Pflanzloch zu bringen, legen wir einen **Holzkeil** unter, den wir nach der Pflanzung wieder entfernen. Zusammen mit den Pflanzenwurzeln bringen wir Steingartenerde ein und achten auf guten Kontakt zwischen Wurzeln und umgebender Steingartenerde. Verbleiben nach dem Pflanzen und Angießen große Luftlöcher im Boden, werden unsere Pflanzen sicherlich unter dauerndem Wassermangel leiden. Bei steileren Fugen verkeilen wir die Wurzelballen nach dem Pflanzen vorsichtig mit Bruchsteinen.

Pflanzenqualität

Sehr schnell stellt sich heraus, dass Wurzelballen aus kleineren Töpfen leichter in enge Pflanzlöcher einzubringen sind. Pflan-

Polsterphloxe kommen bei den relativ trockenen Bedingungen auf einer Mauerkrone besonders gut zur Geltung.

zen, die im üblichen 9 x 9-cm-Topf kultiviert wurden, lassen sich oft nur problemlos pflanzen, wenn man vorher die Wurzeln mit viel Wasser vorsichtig ausspült. In stark torfigen Substraten angezogene Pflanzen können am Anfang schnell unter den trockeneren Kulturbedingungen zwischen Steinblöcken leiden. Sie sind für gelegentliches Extrawässern dankbar. Von großem Vorteil sind Pflanzen im 7 x 7-cm-Topf, die in schwereren Anzuchtsubstraten kultiviert wurden, die zusätzlich noch mit Blähtonbruch, Bims, Lava oder Splitt vermischt sind. Ihre Wurzeln sind in der Regel widerstandsfähiger und die gröbere Erde lässt sich leichter ausschütteln. Häufig sind die so herangezogenen Pflanzen kleiner und, da sie langsamer gewachsen sind, meist auch teurer. Aber ihre Robustheit und innere Qualität überzeugen jeden Steingartenfreund.

Anwachshilfen

Nach dem Auspflanzen wird behutsam angegossen. Wir achten darauf, dass genügend Gießwasser alle Pflanzen erreichen kann und es zu keinen Ausschwemmungen kommt. Es empfiehlt sich mehrmaliges sanftes Überbrausen. Wird aus einzelnen Spalten oder Fugen trotzdem Erde abgeschwemmt, müssen wir nochmals mit passenden Steinen verkeilen. Nachdem alle Pflanzen untergebracht sind, werden die restlichen Steine in die Anlage integriert. In der Schutthalde dürfen die Steine die Pflanzen auch etwas überdecken, da diese Pflanzen sehr widerstandsfähig sind und die Geröllflächen mit ihren Trieben durchziehen.

auf einen blick

- Eine von Wurzelunkräutern freie Fläche ist Voraussetzung für den Steingarten.
- Bei schweren Böden sorgt eine Drainage für die sichere Entwässerung.
- Trittsteine erleichtern die Pflegearbeiten.
- Trockenmauern bieten auch Tieren einen idealen Lebensraum.
- Bereits vor der Bepflanzung muss die Felslandschaft optisch gut wirken.
- Geeignetes Werkzeug erleichtert die Stein- und Pflanzarbeiten.
- Pflanzen mit kleineren Wurzelballen lassen sich leichter in Spalten pflanzen.

Pflanzen für den Steingarten

Die Klimabedingungen der Hochgebirge zwingen den verschiedenen Pflanzen ähnliche Wuchsformen auf. Die meisten erfreuen uns mit relativ großen Blüten in leuchtenden Farben. Aber auch im nicht blühenden Zustand sind ihre verschiedenen Blattformen und -farben sehr reizvoll, was bei der Auswahl berücksichtigt werden sollte.

Das Bärenfellgras *(Festuca gautieri)* ist mit seinen dichten Büscheln eine typische Horstpflanze.

Der große Aufwand, den wir mit dem Bau eines Steingartens oder Alpinums betreiben, dient letztendlich doch nur dazu, der faszinierenden Blumenwelt der Gebirge eine Heimstatt in unserem Garten zu bieten. Ob besonders kleinwüchsig für die Trogbepflanzung, hitzeverträglich für die Südseite der Trockenmauer, schattentauglich zur Einfassung der Kellertreppe oder trockenresistent für den Regenschatten des Balkons – für praktisch alle Steingartenbereiche stehen uns ausreichend Pflanzen zur Verfügung.

Verschiedene Wuchsformen

Die für unser mitteleuropäisches Klima geeigneten Steingartenpflanzen stammen aus den Hochgebirgsregionen unserer Erde, ausgenommen Australien und die Antarktis. Im Allgemeinen sind die Klimabedingungen der Gebirge der nördlichen und südlichen Hemisphäre erstaunlich ähnlich. Sie sind gekennzeichnet durch starke Winde, häufige oder auch seltene Niederschläge, lange Winter und kurze Sommer.

◀ *Saxifraga oppositifolia* bildet prächtige Flachpolster im feineren Geröll.

Polsterpflanzen

Um sich vor starken Winden und übermäßiger Kälte zu schützen, verzichten Polsterpflanzen auf das Längenwachstum ihrer Triebe, sodass ihre Blätter direkt übereinander liegen. Wir unterscheiden drei Typen: **Flachpolster,** bilden mit ihren verzweigten Trieben flache Matten aus. Einige wie das Stengellose Leimkraut *(Silene acaulis)* verfügen über nur eine Zentralwurzel, die tief im Untergrund, meist in einer Felsspalte, verankert ist. Andere, wie der Paarblättrige Steinbrech *(Saxifraga oppositifolia)*, bilden Wurzeln an ihren flach auf dem Boden aufliegenden Trieben aus. Sie besiedeln gerne feinkörnige Geröll- und Schotterflächen. **Rosettenpolster** wie die Frühlingssteinbreche der Kabschia-Gruppe bilden eine bauchig bis kugelig aufgewölbte Wuchsform aus.
Bei den **Halbkugel- und Kugelpolstern,** wie dem Schweizer Mannsschild *(Androsace helvetica)*, haben alle Triebe die gleiche Länge. Sie bilden deshalb sehr dichte, kreisrunde Polster und sind oft nur sehr schwer zu vermehren.

Horstpflanzen

Die meisten Stauden und fast alle Gräser besitzen eine horstige Wuchsform, d. h., die sich Jahr für Jahr bildenden Neutrie-

Das Rundblättrige Täschelkraut *(Thlaspi rotundifolia)* besiedelt die Kalkschutt- und -geröllhalden der Alpen.

be schließen sich kreisförmig oder in eine Richtung wachsend an die älteren Triebe an. Es entstehen dichte Büsche.

Schuttbesiedler

Für die Bepflanzung von Trockenmauern und Spalten zwischen Steinplatten von Wegen und Treppen eignen sich Schuttbesiedler, die in der Natur mit ihren langen Trieben den Gesteinsschutt durchziehen. Typische Vertreter sind der Dalmatische Storchschnabel *(Geranium dalmaticum)* und viele Glockenblumen-Arten wie *(Campanula carpatica* var. *turbinata)*. Schuttdecker wie die Silberwurz *(Dryas octopetala)* überziehen mit ihren flachen Teppichen große Flächen im Geröll, aber ebenso gerne auch größere Felsbrocken.

Pflanzenbeschaffung

Die einzige sinnvolle Quelle zur Pflanzenbeschaffung ist die Staudengärtnerei. Dort werden neben »normalen« Gartenstauden und Gehölzen auch viele Steingartenpflanzen und Zwerggehölze angeboten. Spezielle Alpinen- bzw. Gebirgspflanzengärtnereien haben sich auf die besonderen Pflanzenwünsche der Liebhaber eingerichtet. Dort erhält man meist eine große Auswahl auch schwieriger zu pflegender Pflanzenschätze, außerdem Pflanztröge, Schalen und andere Gefäße, verschiedene Erden und, vor allem für Einsteiger sehr wichtig, bereitwillig Auskunft und Beratung.

Auch wenn es noch so verlockend erscheint, ist die Entnahme von Pflanzen aus der Natur völlig indiskutabel. Zum einen stehen viele Arten unter Naturschutz. Doch auch bei nicht geschützten Pflanzen verbietet sich das eigene Sammeln, da sich die am Naturstandort, also in großen Höhen, herangewachsenen Pflanzen im Tiefland nicht akklimatisieren können. Ihnen fehlen hier die intensive Sonnenstrahlung, die ständige Windbewegung, die kühlen Temperaturen mit starkem Tag-Nacht-Wechsel und die lange Vegetationsruhe während des Bergwinters. Selbst wenn sie noch einige Zeit dahinvegetieren, bilden sie nur noch wenige Blüten, verlieren schnell ihre typische Wuchsform und sterben früher oder später sicher ab. Im reichhaltigen Angebot der Spezialgärtnereien finden wir hingegen blühwillige und besonders gartengeeignete Auslesen.

Seit einigen Jahren finden vermehrt Gartentage mit Pflanzenmärkten statt. Mitunter werden dort von Gärtnereien oder Privatleuten Steingartenpflanzen angeboten. Auch Tauschaktionen der einzelnen Pflanzengesellschaften sind meist gute Saatgutquellen.

Pflanzen wie diese *Primula* 'Marven' werden in Spezialgärtnereien in guter Qualität angeboten.

Die schönsten Steingartenstauden

Die botanischen Namen sind international gebräuchlich, Verwechslungen beim Benennen werden damit ausgeschlossen. Der exakte botanische Name einer Pflanze besteht aus der Gattungsbezeichnung, etwa *Campanula*, gefolgt vom Artnamen (z. B. *carpatica)*, unter Umständen einer Unterart (subsp.) oder Varietät (var.) (var. *turbinata)* und der Sortenbezeichnung ('Alba'). Mit einem × vor dem Artnamen werden Kreuzungen zwischen Arten markiert (Hybriden).

Erklärung der Symbole

Bei den Porträts werden folgende Symbole verwendet:

✿ 4–7	Blütezeit in Monaten
⬆ 10 cm	Wuchshöhe in cm während der Blütezeit
☼	Sehr sonniger, heißer Standort
○	Sonniger Standort
◑	Halbschattiger Standort
●	Schattiger Standort
K+	Kalk liebende Pflanze
K–	Kalk fliehende bzw. Silikat (Urgestein) liebende Pflanze

Acaena microphylla 'Kupferteppich'

Stachelnüsschen
Acaena

✿ 6–7 ⬆ 10 cm ○ **K–**

Wuchs: Flache Teppiche, die eng an den Boden geschmiegt sind.
Blatt: Grüne, blaugrüne bis bronzefarbige Fiederblättchen.
Blüte: Unscheinbare Kugelblütchen an dünnen Stängeln über dem Laubteppich, anschließend bräunliche Nüsschen mit zarten Stacheln.
Standort: In saurem Geröll und in Gebirgsrasen, in voller Sonne.
Pflege: Rückschnitt zu langer Triebe im Frühjahr. Bei zu trockenem Stand gelegentlich Probleme mit Spinnmilben.
Verwendung: Schöne Bodendecker über größeren Geröllflächen, einige stark wachsend.
Pflanzennachbarn: Passt gut zu bläulichen und rötlichen Gräsern und Kleingehölzen.
Bewährte Arten und Sorten:
- *A. buchananii*, 5 cm, graugrüne Fiederblätter, wächst schwächer.
- *A. caesiiglauca*, blaugrüner Teppich, starkwüchsig.
- *A. microphylla* 'Kupferteppich', braunroter Blätterteppich, schwachwüchsig.

Igelpolster
Acantholimon

✿ 6–8 ⬆ 10 cm ☼ **K+**

Wuchs: Starre, dichte halbkugelige Stachelpolster.
Blatt: Graugrüne nadelartige stechende Blätter in kompakten Rosetten.

Acantholimon bildet üppig blühende Polster

Achillea moschata ist schwierig zu halten.

Blüte: Wenigblütige Ähren mit rosa Blüten, mit den pergamentartigen Kelchblättern zierende Früchte.
Standort: Volle Sonne in Kalksteinspalten oder Schotter, auch für große Trockenheit. Gute Drainage notwendig.
Pflege: Anspruchslos, Nässeschutz im Winter. Gelegentlich nisten sich Mäuse ein.
Verwendung: Für trockene Lagen im Steingarten, Alpinum und Trog, schön in vollsonnigen Trockenmauern.
Pflanzennachbarn: Zwergginster *(Genista radiata)*, Tragant *(Astragalus)*, Gamander *(Teucrium)*.
Bewährte Arten und Sorten:
- *A. glumaceum*, grüne, starre Polster, rosa Blüten, gute Anfängerpflanze.
- *A. venustum*, blaugraue Polster, sehr schön.
- *A. albanicum*, dichte kurzlaubige graugrüne Polster.

Schafgarbe, Garbe
Achillea

✿ 6–8 ⬆ 10–20 cm
☼–○ **K**+/–

Wuchs: Niedrige, sich langsam ausbreitende Polsterpflanzen.
Blatt: Silbergrau bis grün, meist stark gefiedert und sehr aromatisch.
Blüte: Doldige Blütenstände, weiß oder gelb blühend.
Standort: In voller Sonne, eher trocken, gute Drainage.
Pflege: Rückschnitt nach der Blüte.
Verwendung: Je nach Art im Kalk- oder Urgesteinsschotter im Steingarten oder Alpinum. Auch gut in Trögen.
Pflanzennachbarn: Sonnenbedürftige Polsterpflanzen, wie Glockenblumen *(Campanula)*, Nelken *(Dianthus)*, krustige Steinbrech-Arten *(Saxifraga)*, Hauswurz *(Sempervivum)*.
Bewährte Arten und Sorten:
Arten auf Kalkgestein:
- *A. ageratifolia*, silbergraues Laub, weiß.
- *A. serbica*, silbergraues Laub, weiß.
- *A. × kellereri* und *A. × kolbiana*, beide mit feinlaubigen Silberblättern, schön.
- *A. umbellata*, breit gefiederte Silberblätter, weiß, besonders schön die *A. u.* var. *argentea*.
- *A. clavenae*, Blätter tief gebuchtet, graufilzig.
- *A. tomentosa*, grüne, fein gefiederte, sehr aromatische Blätter, gelb blühend.
- *A. chrysocoma*, ähnlich voriger, weniger aromatisch.

Arten auf Urgestein, alle schwieriger in Kultur:
- *A. nana*, grausilbrige Blättchen, weißblütig, ähnlich *A. clavenae*, oft nur kurzlebig.
- *A. erba-rotta*, Blättchen graugrün, gezähnt, nicht gefiedert, weißblütig.
- *A. moschata*, grünblättrig, fein gefiedert, weiß blütig.

Adonisröschen
Adonis

✿ 3–4 ⬆ 20 cm ○–◑ **K**–

Wuchs: Kleine, buschige Stauden mit dickfleischigen Wurzeln.
Blatt: Fein geteilte grüne Blätter.

Adonis amurensis 'Fukujukai'

Blüte: Große, vielblättrige Schalenblüten in Gelb, Weiß, Orange.
Standort: Sonnig bis halbschattig, feucht bis trocken, im Sommer kühl.
Pflege: Problemlos. Im Sommer nicht zu trocken halten.
Verwendung: Sehr schöner auffälliger Frühlingsblüher zwischen Laubgehölzen an warmen, geschützten Lagen.
Pflanzennachbarn: Leberblümchen, Seidelbast, Küchenschellen *(Pulsatilla)*, Anemonen.
Bewährte Arten und Sorten:

- *A. amurensis*, 20 cm, gelb, mit gefiederten Blättern. 'Beninadeshiko', 20 cm, leuchtend orange; 'Fukujukai', gelb, großblumig, halbgefüllt; 'Plena', gelb mit grünem Blütenblattring.
- *A. brevistyla*, 20 cm, weiß blühend, anemonenähnlich.
- *A. vernalis*, gelb, 20 cm, heimisches Adonisröschen.

Steintäschel
Aethionema

✿ 4–6 ⬆ 15 cm ○ **K**+/–

Wuchs: Immergrüne kleine Halbsträucher.
Blatt: Lanzettliche bis nadelförmige grüne bis graugrüne Blätter.
Blüte: Weiß bis rosafarbene Blütentrauben.
Standort: In voller Sonne im Geröll oder in Spalten, eher trocken.
Pflege: Um unkontrollierte Ausbreitung zu verhindern, werden die Fruchtstände nach der Blüte entfernt. Rückschnitt der verkahlten Pflanzen nach der Blüte.
Verwendung: Im trockenen Geröll und in Spalten bei guter Drainage. Auch schön für Tröge.
Pflanzennachbarn: Zwergiris, Nelken, Igelpolster.
Bewährte Arten und Sorten:

- *A. grandiflorum*, 15 cm, rosa, mit graugrünen Blättchen.
- *A. iberideum*, 15 cm, cremeweiß.
- *A. oppositifolium*, unterirdisch kriechende Staude mit zartrosa Blüten.
- *A. schistosum*, 10 cm, leuchtend rosa, ähnlich *A. grandiflorum*.
- *A. × warleyense* 'Warley Rose', 15 cm, rosa, blau-grüne Blättchen, wird öfter angeboten. 'Warley Ruber', wie vorige, aber intensivere Blütenfarbe.

Aethionema schistosum wirkt besonders gut in größeren Anlagen.

Aus den Südalpen stammt *Allium insubricum.*

Zierlauch
Allium

✿ 6–8 ⬆ 15–30 cm
○–☼ K+/–

Vielgestaltige Pflanzengattung, nur die kleinwüchsigen sind für den Steingarten geeignet.

Wuchs: Rhizom- oder Zwiebelpflanzen mit starkem Knoblauchgeruch, alle sehr schön.

Blatt: Meist graugrüne flach ausgebreitete Zungenblätter oder aufrecht stehende runde Hohlblätter.

Blüte: In dichten oder lockeren Dolden stehende rosafarbene, weiße, violette, gelbe oder blaue Blüten.

Standort: In voller Sonne in trockenem Geröll oder in Spalten. Einige Arten im Sommer absolut trocken.

Pflege: Um zu starke Ausbreitung zu verhindern, Samenkapseln entfernen. Eingezogene Blätter abziehen.

Verwendung: Für trockenwarme Geröll- oder Felspartien.

Pflanzennachbarn: Hauswurz, Nelken, Igelpolster, Sonnenröschen.

Bewährte Arten und Sorten:

- *A. carinatum* subsp. *pulchellum*, 30 cm, Purpurblüten in lockerer Dolde. ‘Alba’ blüht weiß, schön für Tröge ist die Zwergform aus dem Vitoša-Gebirge (Bulgarien).
- *A. cernuum*, 30 cm, rosarot, kugelige Blüten in nickender Dolde.
- *A. christophii*, 45 cm, blauviolett, großer kugeliger Blütenstand, wirkt wie eine Wunderkerze. Nur für den größeren Steingarten.
- *A. insubricum*, 20 cm, rosaweinrot, nickende Blüten, sehr schön.
- *A. karataviense*, 20 cm, grauweiße Blütenkugeln über zungenartigen graublauen Blättern.
- *A. oreophilum* ‘Zwanenburg’, 10 cm, karminrosa, sehr schön.
- *A. schoenoprasum*, 25 cm, der Küchenschnittlauch. ‘Corsican White’, eine weiß blühende, kleinwüchsige, ‘Forescate’, 25 cm, rot blühende Sorte.

Steinkraut
Alyssum

✿ 4–6 ⬆ 15 cm ○ K+

Wuchs: Dichte, am Boden aufliegende Polster, bekannte Frühjahrsblüher.

Blatt: Rundliche bis längliche, dicht grau behaarte Blättchen.

Blüte: Gelbe Blütchen in dichten Dolden.

Standort: In voller Sonne, in trockenem Geröll oder in Felsspalten.

Pflege: Zu groß gewordene Polster nach der Blüte zurückschneiden.

Verwendung: Die typischen gelben Frühlingsblüher. Sehr schön

Alyssum montanum ‘Berggold’

Androsace helvetica

in Trockenmauern und Steingärten. Die kleineren Arten gut für Tröge.

Pflanzennachbarn: Blaukissen, Polsterphlox, Gänsekresse, Nelken.

Bewährte Arten und Sorten:

- *A. argenteum*, 25 cm, gelb, mit aufrecht stehendem schirmartigem Blütenstand.
- *A. montanum* 'Berggold', 15 cm, hellgelb, mit Honigduft.
- *A. ovirense*, 5 cm, goldgelb, schön am Trogrand.
- *A. propinquum*, 3 cm, gelb, zwergige Art, sehr schön in Trögen.
- *A. saxatile* 'Compactum', 15 cm, leuchtend gelb. 'Duddley Neville', 15 cm, orangegelb; 'Plenum', 10 cm, gelb, gefüllt blühend; 'Sulphureum', 15 cm, schwefelgelb.
- *A. serpyllifolium*, 5 cm, gelb, zwergige Art, gut für Tröge.

Mannsschild
Androsace

✿ 3–6 ⬆ 2–10 cm
☼–○ K+/–

Wuchs: Lockerrasige bis dicht kugelige Polster.

Blatt: Lanzettliche, meist behaarte Blätter, bei vielen Arten in dichten Rosetten.

Blüte: Primelähnliche Blüten, einzeln stehend oder in Dolden. Weiß, rosa, rot, gelb, violett, die meisten mit gelbem Auge, das sich beim Verblühen in Rot verfärbt.

Standort: Absonnige Felsspalten oder Feinschutthalden, eher feucht, auf Kalk- und Urgestein.

Pflege: Einige Arten problemlos, andere sehr schwierig zu haltende Liebhaberpflanzen. Nässeschutz im Winter.

Verwendung: Die starkwüchsigen Arten für den Steingarten, die kleinwüchsigen Zwergpolster für Tröge.

Pflanzennachbarn: Nelken, *Saxifraga*, kleine Glockenblumen, kleine Enziane und andere Felsspaltenpflanzen.

Bewährte Arten und Sorten:

<u>Einfacher zu haltende Arten sind:</u>

- *A. carnea* subsp. *brigantiaca*, 5 cm, weiß, dichte Polster mit gezähnten Blättchen.
- *A. lanuginosa* var. *leichtlinii*, 10 cm, lilarosa, bildet lockere Rasen, für feuchteren Halbschatten.
- *A. mucronifolia*, 5 cm, rosafarben, kleine Rosetten, die sich dicht aneinander schmiegen.
- *A. sarmentosa*, 5 cm, rosafarben, dichte Blattrosetten, verbreitet sich mit Ausläufern, sehr schön und robust.
- *A. sempervivoides*, 5 cm, rosafarben, wie vorige, aber kleinere Rosetten.

<u>Schwierig zu haltende Arten für den erfahrenen Liebhaber:</u>

- *A. alpina*, 2 cm, zartrosa, bildet kleine, flache Matten.
- *A. bulleyana*, 8 cm, ziegelrot, stirbt nach der Blüte ab, sehr schön.

Androsace sempervivoides

- *A. globifera*, 2 cm, lila, Zwergpolster.
- *A. helvetica*, 3 cm, weiß, dichte Kugelpolster.
- *A. strigillosa*, 15 cm, weiß, Blütenblätter außen rot, Pflanze überwintert als Rosettenknospe.
- *A. vandellii*, 3 cm, weiß, dichte silbergraue Zwergpolster.
- *A. villosa*, 2 cm, zartrosa, dicht behaarte Rosettenpolster.

Anemone narcissiflora

Anemone, Windröschen
Anemone

✿ 4–9 ⬆ 10–40 cm
○–◑ **K**+/–

Artenreiche Gattung, von der nur die kleinwüchsigen Arten für den Steingarten geeignet sind.

Wuchs: Meist zu mehreren in kleinen Gruppen stehende Stauden, einige bilden Knollen.

Blatt: Gefingerte, mehr oder weniger stark gefiederte dunkelgrüne Blätter.

Blüte: Große Blütenschalen mit mindestens 5 Blütenblättern in Weiß, Rosa, Gelb, Blau und Rot.

Standort: Einige Arten im lockeren Felsschutt, die meisten sind Waldpflanzen im lichten Schatten.

Pflege: Problemlos. Die stärker wuchernden Arten einfach abstechen.

Verwendung: Zwischen Gehölzen, zur langsamen Ausbreitung oder in lockerem, gut drainiertem Schuttbereich.

Pflanzennachbarn: Frühlingsblüher wie Märzenbecher, Leberblümchen und Küchenschellen.

Bewährte Arten und Sorten:

- *A. baldensis*, 10 cm, cremeweiß im Sommer, schön im Geröll und in Trögen, sonniger Standort.
- *A. blanda*, 10 cm, Knöllchen bildende Art mit vielen verschieden blühenden Sorten: 'Atrocoerulea', blau, großblumig; 'Radar', rot, zieht schnell wieder ein; 'White Splendor', weiß, großblumig, robust.
- *A × lesseri*, 25 cm, rot, absonnig.
- *A. narcissiflora*, 30 cm, weiß, in Dolden,
- *A. nemorosa*, das heimische Buschwindröschen, 15 cm, in verschiedenen Farbsorten: 'Alba Plena', weiß, gefüllt; 'Blue Queen', blau; 'Grandiflora', weiß, großblumig; 'Robinsoniana', hellviolett.
- *A. ranunculoides*, gelb, sonst wie *A. nemorosa*.
- *A. rivularis*, weiß, 40 cm, sehr schön mit dunkler Blütenrückseite, für den größeren Steingarten.

Katzenpfötchen
Antennaria

✿ 5–6 ⬆ 10 cm ○ **K**–

Wuchs: Dichte, silbergraue Teppiche.

Blatt: Lanzettliche Blättchen, dicht silbrig behaart.

Blüte: Zierliche, strohblumenähnliche Blütendolden.

Standort: In voller Sonne, auf feinem Geröll, eher trocken.

Antennaria dioica 'Rubra'

Pflege: Zu groß gewordene Matten im Frühjahr abstechen. Verblühte Blütenstände abschneiden.
Verwendung: Vor allem wegen der silbrigen Blättchen vielfältig zu verwenden. Immer in der Sonne, bei guter Drainage.
Pflanzennachbarn: Hauswurz, Sonnenröschen, Nelken, *Cotula*.
Bewährte Arten und Sorten:
- *A. dioica*, weiß blühend. 'Glande', dunkelrot; 'Rubra', rotblühend; 'Nywood', rosarot.
- *A. d.* var. *borealis* 'Roy Davidson', zwergwüchsige Art, gut für Tröge.

Akelei
Aquilegia

✿ 4–6 ⬆ 10–30 cm
○ **K**+/–

Nur die kleinwüchsigen Arten für den Steingarten geeignet.
Wuchs: Zierliche, horstig wachsende Stauden.
Blatt: Doppelt dreigeteilte, dunkelgrüne bis graugrüne Blätter.
Blüte: Endständige, meist deutlich gespornte, oft zweifarbige Blüten an aufrecht stehenden Stängeln.
Standort: In Felsspalten, Geröll und zwischen Gehölzen, in der Sonne bis absonnig.
Pflege: Fruchtkapseln entfernen, um unkontrollierte Ausbreitung zu verhindern. Die zwergigen Arten brauchen Nässeschutz im Winter.
Verwendung: Schön zwischen Gehölzen. Die kleinen Arten gut in Spalten und in Trögen. Immer bei guter Drainage.
Pflanzennachbarn: Enziane, Glockenblumen, Saxifragen, *Alyssum*.
Bewährte Arten und Sorten:
- *A. alpina*, 50 cm, dunkelblau, nur für den größeren Steingarten.
- *A. bertolonii*, 10 cm, blau, sehr schön auch in Trögen.
- *A. einseleana*, 20 cm, dunkelblau, sehr zierlich.
- *A. flabellata*, 15 cm, weiß-blau; 'Nana Alba', 15 cm, weiß; *A. f.* var. *pumila* 'Ministar', 10 cm, weiß-blau, wird öfter angeboten, alle gut für Tröge.
- *A. scopulorum*, 15 cm, blau oder weiß, extrem langspornig, gut für Tröge.
- *A. shockleyi*, 25 cm, rot-gelb, zierlich.

Aquilegia einseliana

Arabis bryoides

Gänsekresse
Arabis

✿ 4–5 ⬆ 5–15 cm ○ **K+**

Wuchs: Niedrige, kriechend oder polsterartig wachsende Stauden.
Blatt: Längliche eingebuchtete Blätter an länglichen Trieben oder dichten Polstern, oft stark behaart.
Blüte: Vierzählige Blüten in Rosa, Rot oder Weiß an dichten Trauben.
Standort: Geröll oder Spalten in voller Sonne, bei guter Drainage eher feucht halten.
Pflege: Problemlos. Zu groß gewordene Polster nach der Blüte zurückschneiden.
Verwendung: Die größeren Arten sind ein Muss für den Steingarten und die Trockenmauer, die kleineren schön im Trog.
Pflanzennachbarn: Blaukissen, Polsterphlox, *Alyssum*, Nelken.
Bewährte Arten und Sorten:

- *A. bryoides*, 5 cm, weiß, stark behaarte Rosetten.
- *A. blepharophylla*, rot, 10 cm, nicht ausdauernd.
- *A. caucasica*, 15 cm, weiß; 'Bakkely', 10 cm, weiß, kompakte Sorte; 'Compinkie', 15 cm, dunkelrosa; 'Hedi', 10 cm, rosa, kompakte Sorte; 'Plena', 15 cm, weiß, gefüllt, schöne Schnittblume.
- *A. ferdinandi-coburgi*, 5 cm, weiß, zierlicher Bodendecker, 'Variegata' hat weißbunte Blätter.
- *A. kellereri*, 5 cm, weiß, graue Blattrosetten.
- *A. wilczekii*, weiß, 5 cm, grüne Zwergpolster.

Sandkraut
Arenaria

✿ 5–7 ⬆ 10 cm ○ **K+**

Wuchs: Kleine, meist flach aufliegende Stauden oder Polster.
Blatt: Meist klein, nadelartig oder oval ausgebreitet.
Blüte: Weiße, mitunter große Blüten an lockeren Dolden.
Standort: In Spalten oder in Geröll, in voller Sonne, bei guter Drainage.
Pflege: Um ungehinderte Samenausbreitung zu verhindern, werden die Blütenstände nach dem Abblühen entfernt. Zu große Polster nach der Blüte zurückschneiden.

Arenaria purpurascens aus den Pyrenäen.

Verwendung: Die größeren Arten sind gut für Steingarten und Trockenmauer geeignet, die kleineren sehr schön in Trögen.
Pflanzennachbarn: Nelken, *Alyssum*, Steinbrech, Enziane, Mannsschild.
Bewährte Arten und Sorten:
- *A. montana* 'Grandiflora', 10 cm, weiß, lockere dunkelgrüne Polster.
- *A. pupurascens*, 3 cm, rosafarbene, lockere Polster, eher absonnig.
- *A. tetraquetra*, 2 cm, weiß, ganz dichte Polster, für Tröge und Spalten.

Grasnelke
Armeria

✿ 5–7 ⬆ 15 cm ○ K+

Wuchs: Dichte, grasartige Polster.
Blatt: Grasähnliche oder nadelartige Blätter.
Blüte: Weiße oder rosafarbene Blüten, in dichter Kugel über dem Polster stehend.
Standort: Geröll oder Spalten, in voller Sonne, bei guter Drainage.
Pflege: Verblühte Blütenkugeln über dem Polster abschneiden. Die Stiele lassen sich nach dem Braunwerden herausziehen.
Verwendung: Die kleineren Sorten sind sehr schön in Trögen.
Pflanzennachbarn: Hauswurz, Steinbrech, Enziane, Nelken.
Bewährte Arten und Sorten:
- *A. juniperifolia*, 5 cm, rosafarben, kleine Nadelpolster. 'Alba', blüht weiß; 'Bevan', 'Brookside' und 'Spiny Dwarf' sind zum Teil noch kompakter als die Art.
- *A. maritima*, 15 cm, rosa, grasartige Polster; 'Alba' blüht weiß; 'Düsseldorfer Stolz', 15 cm, dunkelrosa; 'Frühlingszauber', 10 cm, leuchtend rosa; 'Vesuv', 10 cm, rot, rotlaubiges Polster.

Edelraute
Artemisia

✿ 7–8 ⬆ 10 cm ○ K+/–

Wuchs: Flach ausgebreitete Polster.
Blatt: Fein gefiederte Silberrosetten.
Blüte: Gelbliche Blütenkugeln an Rispen.
Standort: In voller Sonne in Spalten und Geröll, bei guter Drainage, eher trocken.
Pflege: Die für den Steingarten geeigneten polsterbildenden Arten sind mit etwas Winterschutz meist problemlos.

Armeria juniperifolia (Syn.: *A. caespitosa*)

Verwendung: Für Spalten und Geröll in dunklem Urgestein, volle Sonne, auch in größere Tröge.
Pflanzennachbarn: Glockenblume, Nelken, Sonnenröschen, Hauswurz.
Bewährte Arten und Sorten:
- *A. assoana*, 5 cm, flach aufliegende kleine Teppiche.

Artemisia schmidtiana 'Nana'

- *A. genipi*, niedere silbergraue Zwergpolster.
- *A. schmidtiana* 'Nana', feingeteiltes Silberlaub, wächst gut, zieht im Winter ein.
- *A. stelleriana* 'Mori', kräftige fiedergelappte Silberblätter.

Aster
Aster

✿ 5–11 ⬆ 20 cm ○ **K**+/–

Wuchs: Polster- oder kissenartige dichte Horste.
Blatt: Meist lanzettlich, dunkelgrün.
Blüte: Einfache oder gefüllte Blüten, blau, violett, pink, rosa, rot, weiß, mit gelber Mitte.
Standort: Volle Sonne, Kissenastern in nährstoffreichem Boden, die Alpinen eher in Schotter und Spalten.
Pflege: Blütentriebe nach der Blüte abschneiden, sonst problemlos.
Verwendung: Die größeren Arten gut für Steingarten und Staudenbeet, die kleinwüchsigen für Alpinum und Trog.
Pflanzennachbarn: Je nach Wuchskraft kräftige Polsterpflanzen oder Gräser bzw. kompakte Polster für Tröge.
Bewährte Arten und Sorten:
Frühlingsastern:

- *A. alpinus*, 15 cm; 'Happy End', rosa: 'Albus', weiß, und 'Dunkle Schöne', dunkelviolett, alle relativ großblumig; 'Sabine', rosa gefüllt; 'Gritje', weiß gefüllt; 'Typ Pirin', besonders kompakte, zierliche Form, gut für Tröge.
- *A. andersonii*, flach in feinem Geröll kriechende Art, blau, 5 cm, schön für Tröge.
- *A. souliei*, dichte Blattrosetten mit relativ großen Blütenscheiben, dunkelviolett mit gelber Mitte.
- *A. tongolensis* 'Berggartenzwerg', 20 cm, lilablau; 'Junifreude', 20 cm, lilablau, remontierend.

Sommer- und herbstblühende Arten:

- *A. amellus*, nur niedrige Sorten sind geeignet. Viele Sorten mit verschiedenen Blütenfarben.
- *A. pansus* 'Snowflurry', 10 cm, weißer Blütenteppich, wertvoll wegen der späten Blüte im Oktober.

Aster alpinus

Blaukissen
Aubrieta

✿ 4–5 ⬆ 5–15 cm ○ **K**+

Wuchs: Je nach Art mehr oder weniger kräftig wachsende Polsterstauden.
Blatt: Kleine spatelförmige behaarte Blätter, teils grob gezähnt.

Blüte: Überreicher Blütenflor mit deutlich viergeteilten Blüten, blau, rosa, rot in vielen Farbtönen.
Standort: Volle Sonne, in Geröll oder Spalten.
Pflege: Rückschnitt zu großer Pflanzen nach der Blüte.
Verwendung: Ein Muss im Steingarten und in der Trockenmauer. Die reinen Arten sind schön in Trögen.
Pflanzennachbarn: Andere Frühlingsblüher wie *Arabis*, *Iberis*, Polsterphlox und *Alyssum*.
Bewährte Arten und Sorten:
Sorten der *Aubrieta*-Hybriden:
- Blau blühend: 'Schloss Eckberg', 'Neuling', 'Blue Emperor', 'Blaumeise', 'Dr. Mules'; 'Tauricola' ist sehr kleinwüchsig, gut für Tröge. 'Silberrand', weißbuntes Laub, schwachwüchsig, auch für Tröge.
- Rosa- bis purpurrot blühend: 'Red Carpet', 'Rotkäppchen', 'Rosengarten', 'Bressingham Pink' mit gefüllten Blüten.
- Weiß blühend: 'Fiona', schneeweiß, 15 cm.

Wildarten, alle gut für Tröge:
- *A. gracilis*, 5 cm, purpurviolett.
- *A. olympica*, 5 cm, violett.
- *A. pinardii*, 10 cm, rosa.
- *A. deltoidea*, 10 cm, rosa bis purpurviolett, die Naturform vieler Züchtungen.

Eine *Aubrieta*-Hybride in voller Blüte.

Andenpolster
Azorella trifurcata

✿ 7–8 ↑ 5 cm ○ – ☼ K–

Wuchs: Flache, dichte, steife Polster.
Blatt: Gezähnte dunkelgrüne Blättchen, die leicht nach Möhren duften.
Blüte: Unscheinbare hellgelbe Blütendolden.
Standort: In voller Sonne, in Geröll bei guter Drainage, eher trocken.
Pflege: Problemlos, Schutz vor zu großer Winternässe.
Verwendung: Durch die sattgrüne Blattfarbe ein guter Kontrast zu Blütenpolstern.
Pflanzennachbarn: Andere buntlaubige Steingartenpflanzen wie verschiedene *Hebe*-Arten oder Edelraute, rotlaubige *Carex*.
Bewährte Arten und Sorten:
- 'Minima' ist in allen Teilen zierlicher als die Art.

Azorella trifurcata aus Chile.

Glockenblume
Campanula

✿ 5–8 ⬆ 3–30 cm
○–◑ K+/–

Aus der vielzähligen Pflanzengattung werden hier nur die für unsere Zwecke geeigneten kleinwüchsigen Arten beschrieben.
Wuchs: Von unterirdisch kriechend bis dichtbuschig aufrecht wachsend. Manche Arten sehr starkwüchsig.
Blatt: Herzförmig bis lanzettlich, einige Arten dicht behaart.
Blüte: Mehr oder weniger glocken- bis sternförmig, meist in Blau oder Weiß, gelegentlich Rosa.
Standort: In Spalten und Geröll, bei guter Drainage.
Pflege: Gelegentlicher Rückschnitt der starkwüchsigen Vertreter nach der Blüte. Samenkapseln entfernen, sonst kann es zu starker Ausbreitung kommen. Vorsicht vor Schnecken.
Verwendung: Je nach Art und Sorte sind alle wunderschöne Pflanzen für Steingarten, Trog und Trockenmauer. Alle volle Sonne bis leichter Halbschatten.
Pflanzennachbarn: Schafgarbe, Thymian, Nelken, Polsterphlox, Steinbrech-Arten.
Bewährte Arten und Sorten:

Die zierliche Glockenblume *Campanula cochleariifolia*.

- *C. carpatica*, bis 20 cm, große offene Glockenblüten, dankbar in Trockenmauern und im Steingarten, breiten sich langsam unterirdisch aus.
  Blau blühend: ‘Blaue Clips’, ‘Blaumeise’, ‘Karpatenkrone’, ‘Kobaltglocke’, ‘Blaue Uniform’.
  Weiß blühend: ‘Weiße Clips’, ‘Silberschale’, ‘Zwergmöve’, ‘Weiße Uniform’.
- *C. c.* var. *turbinata*, 10 cm, blau, kompakt wachsende Unterart, auch für Tröge.
- *C. cochlearicfolia*) (Syn.: *C. pusilla)*, Rasen bildend mit hängenden Glöckchen, zierlich, alle auch für Tröge oder Trockenmauern geeignet: ‘Alba’, reinweiß, 10 cm; ‘Blue Baby’, leuchtend blau, 10 cm; ‘Seeshaupt’, 10 cm, schieferblau, sehr schön; ‘Warleyense’, hellblau, gefüllt, zierlich; ‘Elisabeth Oliver’, zartblau, gefüllt, wird oft als Minitopfpflanze angeboten.
- *C. collina*, 15 cm, dunkelblau, schöne Glocken.
- *C. garganica*, lila, 10 cm, Sternchenblüten. ‘Dickson’s Gold’, 10 cm, gelbes Laub, für nicht zu sonnige Lagen; ‘Blue Daimond’, 10 cm, tiefblau.

- *C. glomerata* 'Acaulis' , 15 cm, dunkelblau, Zwergform der Kugelglockenblume. 'Schneehäschen' und 'Schneekissen' blühen weiß, 15 cm.
- *C.* × 'Liselotte', hellblau, 8 cm, pflegeleicht, sehr schön.
- *C.* × 'Molly Pinsent', 5 cm, dunkelviolett, sehr schön, leicht zu halten.
- *C. persicifolia* fo. *nitida*, 15 cm, hellblau, steif, aufrecht stehende Blütenähre; 'Bajazzo', wie vorige, großblumig; 'Alba' und 'Campielleo', wie vorige, weiß blühend.
- *C. portenschlagiana* 'Birch Hybrid', 15 cm, dunkelblau, wächst kräftig, gut für Mauern, sehr schön; 'Resholt's Variety', 15 cm, tiefviolett, remontiert, wächst schwächer, auch für Tröge.
- *C. poscharskyana*, alle starkwüchsig mit langen Blütenranken, sehr schön, auch gut für Mauern. 'Blauranke', 'Stella', 'Erich Arends' blühen blau, 15 cm; 'Glandore', blau mit weißem Auge; 'E. H. Frost', weiß; 'Blue Gown', 10 cm, mittelblau, schwachwüchsig; 'Lisduggan', 15 cm, lavendelrosa.
- *C.* × *pulloides* 'G. F. Wilson', 10 cm, dunkelblau, sehr schön, Rasen bildend, auch für große Tröge.

Schwieriger zu pflegende kleinwüchsige Arten für Tröge, eher für Fortgeschrittene:

- *C. arvatica*, 5 cm, blaue, sternförmige Blüten, 'Alba' ist weiß blühend.
- *C. bellidifolia*, 10 cm, dunkelblaue Glocken.
- *C. betuliflora*, 10 cm, cremeweiß.
- *C. dasyantha*, 10 cm, dunkelblau.
- *C. morettiana*, 3 cm, dunkelblau, sehr schwierig.
- *C. raineri*, 5 cm, hellblau, sehr große Blütenschalen, schwierig.
- *C. waldsteiniana*, 8 cm, dunkelviolette Sternblüten.

Silberdistel
Carlina

✿ 7–9 ⬆ 5–20 cm ○ **K+**

Wuchs: Staude mit auf dem Boden aufliegender Blattrosette.
Blatt: Grüne, mehr oder weniger stark gefiederte, dornige Blätter.
Blüte: Stängellose oder an kurzen Stängeln sitzende Strahlenblüten, nur bei Sonne geöffnet.
Standort: Matten und magere Wiesen, in voller Sonne.
Pflege: Nur an trockenen Standorten sind die Pflanzen ausdauernd, deshalb ist die Nachzucht aus Samen nötig.
Verwendung: Sehr schön für trockenwarme Geröllflächen, die Blüten eignen sich gut zum Trocknen.
Pflanzennachbarn: Sonnenröschen, Wundklee, Nelken, Thymian.

Bewährte Arten und Sorten:

- *C. acanthifolia*, 10 cm, aufsitzende, bronzegoldene Blütenscheibe.
- *C. acaulis* subsp. *acaulis*, 10 cm, aufsitzende, weiße Blütenscheiben,
- *C. a.* subsp. *simplex*, 25 cm, wie vorige Art, Blüten etwas kleiner und an aufrechten Stängeln, ideal zum Trocknen.

Die Silberdistel *Carlina acaulis*.

Hornkraut
Cerastium

✿ 5–6 ⬆ 10 cm
☼–○ K+

Wuchs: Ausläufer treibender Silberteppich, kann zum Unkraut werden.
Blatt: Lanzettlich, dicht silbergrau.
Blüte: Reinweiß.
Standort: Volle Sonne, bei guter Drainage in Geröll und Spalten.
Pflege: Grober Rückschnitt bei Bedarf.
Verwendung: Sehr schön in Mauerfugen, auch als Fugenfüller zwischen Gehwegplatten. Braucht Platz.
Pflanzennachbarn: Glockenblumen, *Geranium dalmaticum*, Ehrenpreis, *Saponaria ocymoides*, Polsterphlox.
Bewährte Arten und Sorten:

- *C. tomentosum* var. *columnae*, 15 cm, weiß blühend, dichte, silberblättrige Teppiche.
- *C. candidissimum*, 10 cm, rein weiß, zierliche Variante der vorigen Art.

Chrysanthemum arcticum

Cerastium tomentosum – wuchert, daher nur für große Steingärten.

Margerite, Wucherblume
Chrysanthemum

✿ 6–7 ⬆ 10–20 cm
○ K+/–

Eine artenreiche Pflanzengattung, die inzwischen von Botanikern in mehrere kleinere Gattungen aufgespalten wurde. Für Steingärten interessant sind nur einige kleinwüchsige Arten.
Wuchs: Unterirdisch kriechend oder kleine Polster bildend.
Blatt: Glatte Blätter, dunkelgrün, gezähnt oder gefiedert.
Blüte: Große, margeritenähnliche Blütenscheiben.
Standort: In voller Sonne, im Geröll, nicht zu trocken.
Pflege: Verblühte Blüten entfernen.

Verwendung: Schöne Stauden im dunklen Geröll.
Pflanzennachbarn: Katzenpfötchen, Glockenblumen.
Bewährte Arten und Sorten:
- *C. arcticum* (jetzt: *Arctanthemum arcticum)*, 20 cm, weiße Blütenbüschel, im Verblühen rosafarben.
- *C. weyrichii* (jetzt: *Dendranthema weyrichii)*, 15 cm, bis 5 cm breite Blütenscheiben in Rosa.

Corydalis flexuosa wird in verschiedenen Sorten angeboten.

Lerchensporn
Corydalis

✿ 4–6 ⬆ 25 cm ○–◑
K+/–

Wuchs: Zierliche Stauden mit fleischigen Trieben, im Schatten höher als in der Sonne.
Blatt: Feines, mehrfach geteiltes Laub, frischgrün.
Blüte: Lang gespornte helmartige Rispenblüten in Gelb, Rosa, Lila, Weiß und Blau.
Standort: Felsspalten und Geröll oder Laubmulmböden im Halbschatten und Schatten.
Pflege: Im zeitigen Frühjahr die abgefrorenen Blätter entfernen. Manche Arten breiten sich durch Samen aus, stören aber nur selten.
Verwendung: In halbschattige bis schattige Spalten und Geröll. Auch zwischen Gehölzen, auch gut für feuchtere Trockenmauern.
Pflanzennachbarn: Kleine Farne, Glockenblumen, Akeleien.
Bewährte Arten und Sorten:
- *C. cava*, 15 cm, lilarosa, einheimische Art, neigt zum Verwildern, 'Alba' ist weiß blühend.
- *C. cheilanthifolia*, 25 cm, kleinblütig, gelb, farnartige Blätter.
- *C. flexuosa* 'Blue Panda', 'China Blue', 'Père David', allesamt blau blühend, das Laub zieht im Sommer ein; bei ausreichender Drainage für Spalten und Geröll im Halbschatten bis Schatten, auch für größere Tröge; alle sehr schön; 'Purple Leaf', wie vorige, aber mit rotgrünem Laub, ebenfalls sehr attraktiv.
- *C. lutea*, 20 cm, gelb, gut wüchsige Art, neigt zum Verwildern, schön auch in Mauern.

Alpenveilchen
Cyclamen

✿ 2–3 / 6–10 ⬆ 5–10 cm
◑ **K**+

Wuchs: Ausdauernde Knollenpflanzen, deren Samen von Ameisen verbreitet werden.
Blatt: Herzförmige fleischige Blätter, grün, bei einigen Arten mit sehr schöner Silberzeichnung.
Blüte: Nickende Blüten mit zurückgeschlagenen Blütenblättern. Zur Fruchtreife ziehen sich die Stiele spiralig zusammen. Blütezeit von Herbst bis Frühling. Alle weiß oder rosa.
Standort: In Gebüschen und lichten Wäldern auf leicht beschatteten Kalkschotterböden. Gelegentlich auch in absonnigen Kalkfelsspalten immer mit bester Drainage.

Cyclamen coum versamt sich gerne in lockerem Geröll.

Pflege: Problemlos. *Cyclamen* samen sich an zusagenden Stellen aus. In strengen Wintern etwas Schutz mit Nadelstreu oder Vliesauflage. Die Knollen werden 8–10 cm tief gepflanzt. Wachsen in ungestörten Bereichen am besten.
Verwendung: Zwischen Kleingehölzen, in Schotter oder Spalten, auch für Tröge geeignet; nicht zu feucht. Größere Bestände haben eine tolle Farbwirkung.
Pflanzennachbarn: Märzenbecher *(Leucojum)*, kleinere Gehölze, kleinere *Hosta*, Farne.
Bewährte Arten und Sorten:

- *C. coum*, 10 cm, blüht magentarot bereits 2–3. 'Silverleaf', auffällig silbrige Blätter, sonst wie die Art.
- *C. hederifolium* (Syn.: *C. neapolitanum)*, 10 cm, blüht 8–10, zartrosa, 'Album' ist weiß blühend, alle mit schöner Blattzeichnung. 'Perlenteppich', reichblühend, rein weiß. 'Rosenteppich', reichblühend, rosafarben; beide sehr empfehlenswert.
- *C. purpurascens*, 10 cm, rosa, selten weiß, Blühzeit 6–9, immergrüne gezeichnete Blätter, gut winterhart, sehr empfehlenswert.

Die anderen Alpenveilchen-Arten sind meist etwas schwieriger zu halten, einige nur mit gutem Winterschutz. Gelegentlich im Handel angebotene größere Knollen sind in der Regel der Natur entnommen und sollten nicht gekauft werden. Pflanzen in Töpfen sind in Staudengärtnereien aus Samen gezogen.

Rittersporn
Delphinium

✿ 6–8 ⬆ 20–40 cm
○ K–

Bekannt als kräftig wachsende Beetstauden. Für den Steingarten sind nur die kleinwüchsigen Arten geeignet.
Wuchs: Horstig wachsende Stauden, meist nicht sehr langlebig.
Blatt: Rundliche gelappte bis stark gefiederte Blätter.
Blüte: Meist rundliche Blüten mit langem Sporn. Blau, weiß oder rot.
Standort: In voller Sonne, bei sehr guter Drainage, in Geröll.

Delphinium grandiflorum, ein niedriger Rittersporn.

Pflege: Entfernen der Fruchtkapseln verlängert die Blütezeit. Bei allen Arten Schutz vor Schnecken und Nässeschutz im Winter. Zurückgefrorene Triebe im Frühjahr entfernen.
Verwendung: Gut geeignet für Geröllflächen und zu einzelnen Felsbrocken, für nicht zu trockene Standorte, auch an Wasserläufen.
Pflanzennachbarn: Ehrenpreis, Seifenkraut, *Silene schafta*, Glockenblumen, Primeln.
Bewährte Arten und Sorten:
- *D. grandiflorum*, 30 cm, dunkelblau, zierlich, eher kurzlebig.
- *D. likiangense*, 30 cm, blau, ähnlich voriger.
- *D. nudicaule*, 30 cm, leuchtend rot, Nässeschutz!
- *D. semibarbatum*, bis 80 cm, leuchtend gelb, Nässeschutz!

Eine der vielen *Dianthus gratianopolitanus*-Hybriden.

Nelke
Dianthus

✿ 6–8 ⬆ 3–25 cm
☼–○ K+/–

Artenreiche, für den Steingarten unverzichtbare Pflanzengattung.
Wuchs: Dichtpolstrig bis rasig wachsende, teilweise halbstrauchige Stauden.
Blatt: Meist grasartig, mehr oder weniger graugrün oder grün.
Blüte: Einzeln oder in wenigblütigen Dolden, Blütenblätter meist geschlitzt, in Rosa, Violett, Weiß, selten Gelb.
Standort: Felsspalten und Matten in voller Sonne, eher trocken.
Pflege: Problemlos. Abgeblühte Stängel entfernen. Bei den empfindlichen Arten im Winter Nässeschutz.
Verwendung: Ideal für sonnige, eher trockene Plätze im Steingarten und in Trockenmauern. Die kleineren Arten sehr gut für Alpinum und Tröge.
Pflanzennachbarn: Sonnenröschen, Glockenblumen, Schleierkraut, Fingerkraut, Hauswurz.

Bewährte Arten und Sorten:
Pflegeleichte Arten für den Steingarten:
- *D. deltoides*, 'Brilliant', 'Nelli', 'Splendens' und 'Leuchtfunk', 15 cm, alle rote Blüten mit Ringzeichnung. 'Albus' blüht weiß. Alle grünblättrig und rasig wachsend.
- *D. gratianopolitanus*-Hybriden (Syn.: *D. caesius*-Hybriden), Pfingstnelken, alle mit graugrünen bis blaugrauen Blättern in dichten Polstern, wichtigste Sortengruppe, alle sehr schön: 'Badenia', 10 cm, leuchtend dunkelrot, einfach; 'Blaureif', 10 cm, violettrosa, silberblaue Polster; 'Brno',

15 cm, rosa mit dunklem Auge; 'Emmen', 15 cm, blutrot, einfach; 'Eydangeri', 10 cm, rosa, schön; 'La Bourbille', 5 cm, rosa, zierlich; 'La Bourbille Alba', 5 cm, weiß, zierlich, beide gut für Tröge; 'Pink Jewel', 5 cm, zartrosa, gefüllt, gut für Tröge; 'Rubin', 5 cm, rubinrot, einfach, gut für Tröge.

- *D. plumarius*-Hybriden, Federnelken ähnlich den *D. gratianopolitanus*-Hybriden, in allen Teilen größer, intensiv duftend: 'Diamant', 30 cm, weiß, gefüllt; 'Heidi', 20 cm, blutrot, gefüllt; 'Ine', 25 cm, weiß mit rotem Ring, halbgefüllt; 'Pikes Pink', 20 cm, rosa, gefüllt.

Kleinwüchsige Arten für Tröge, teils etwas schwierig in Kultur:

- *D. alpinus*, 5 cm, rosa, grünlaubig. 'Joan's Blood', 5 cm, dunkelrot; 'Albus', 5 cm, rein weiß.
- *D. pavonius*, 5 cm, rosarot bis rot mit Auge,
- *D. p.* 'Inshriach Dazzler', 5 cm, dunkelrosa.
- *D. squarrosus* 'Nanus', 10 cm, weiß, zierlich.
- *D. subacaulis*, 3 cm, rosa, graue Rasen bildend.

Doronicum grandiflorum blüht bereits im April.

Gämswurz
Doronicum

✿ 4–5 ⬆ 20–50 cm ○ K+

Wuchs: Robuste und langlebige Frühlingsblüher.
Blatt: Lang gestielte herzförmige dunkelgrüne Blätter.
Blüte: Leuchtend gelbe Blütenköpfe, einzeln stehend.
Standort: In humosem Kalkschotter, eher feucht.
Pflege: Rückschnitt nach der Blüte verhindert Samenausbreitung.
Verwendung: Die höheren Sorten nur im großen Steingarten. Alle dankbare Frühlingsblüher.
Pflanzennachbarn: *Campanula, Aconitum, Geranium.*

Bewährte Arten und Sorten:

- *D. grandiflorum*, 50 cm, leuchtend gelb, nur für große Anlagen.
- *D. orientale* 'Goldkranz', 30 cm, leuchtend gelb. 'Goldzwerg', 25 cm, gelb; 'Little Leo', 35 cm, goldgelb, mit doppelten Blütenkranz.

Hungerblümchen
Draba

✿ 3–5 ⬆ 3–5 cm ○ K+

Wuchs: Mehr oder weniger kompakte Zwergpolster.
Blatt: Meist nadelartig in dichten Rosetten.
Blüte: Gelb oder weiß, in kleinen Blütendolden auf kurzen Stielen.
Standort: In voller Sonne, in Spalten oder im Geröll, nicht zu trocken.
Pflege: Problemlos. Fruchtstände nach der Blüte entfernen. Einige benötigen Nässeschutz.
Verwendung: Entzückende Spaltenpflanzen, wegen der frühen Blüte sehr wertvoll. Einige Arten nur bei bester Drainage zu halten.
Pflanzennachbarn: Steinbrech, kleine Glockenblumen und Nelken, Hauswurz.

Bewährte Arten und Sorten:
Einfacher zu haltende Arten, gut für Einsteiger:
- *D. aïzoides*, 5 cm, gelb, starre Polster.
- *D. bruniifolia*, 5 cm, gelb, dichte Rasen. 'Ay', 5 cm, leuchtend zitronengelb.
- *D. dedeana*, 8 cm, weiß, lockere Polster.
- *D. × suendermannii*, 3 cm, weiß, dichte Polster.

Schwieriger zu haltende Arten, besser im Trog:
- *D. rigida* var. *imbricata*, 3 cm, gelb, sehr dichte Polster.
- *D. mollissima*, 5 cm, leuchtend gelb, dichte Polster bei guter Drainage einfach.

Draba aïzoides, eine robuste Art.

Silberwurz
Dryas

✿ 6–7 ⬆ 10 cm ○ K+

Wuchs: Große Matten bildender zwergiger Spalierstrauch mit weit verzweigten, am Boden aufliegenden Trieben.
Blatt: Unterseits dicht behaarte dunkelgrüne gebuchtete Blätter.
Blüte: Große, weit geöffnete weiße Blütenschalen oder nickende glöckchenartige Blüten in Gelb. Nach der Blüte mit schönen pinselartigen Fruchtständen.
Standort: Im Geröll oder an Felsköpfen und in alpinen Rasen, bei guter Drainage, eher feucht.
Pflege: Rückschnitt zu großer Matten im Frühling.
Verwendung: Gute Bodendecker im Geröllfeld oder über Felsbrocken, auch über Blumenzwiebeln.
Pflanzennachbarn: Kleine Gehölze, *Rhododendron hirsutum*, Gräser und Polsterstauden.
Bewährte Arten und Sorten:
- *D. drummondii*, 10 cm, gelb, nickende Glöckchenblüten.
- *D. octopetala*, 10 cm, weiß, große, weiße Blütenschalen mit gelber Mitte.
- *D. × suendermannii*, 10 cm, weiß, wächst kräftig, Blüten mit gelblichen Knospen, leicht nickend, eher für den großen Steingarten.

Dryas octopetala

Büschelglocke
Edraianthus

✿ 6–7 ⬆ 3–15 cm ○ K+

Sehr nahe mit den Glockenblumen verwandte Pflanzengattung.
Wuchs: Flach am Boden aufliegende oder leicht aufgerichtete Triebe, Polster bildend.
Blatt: Grüne bis graugrüne, meist nadelartige Blätter.
Blüte: Weiße oder blaue aufrecht stehende Blütenglocken, bei den meisten Arten in Büscheln.
Standort: In Spalten oder im Feinschutt, eher trocken.
Pflege: Bei einigen Arten können nach der Blüte die absterbenden Blütentriebe abgezogen werden.
Verwendung: In Spalten oder in feinerem Geröll, bei guter Drainage. Die größeren Arten auch

Edraianthus pumilio ist gut für Tröge geeignet.

für Trockenmauern, die kleineren sehr gut für Tröge.
Pflanzennachbarn: Polsterphlox, Nelken, Steinbrech, *Alyssum*.
Bewährte Arten und Sorten:
- *E. dalmaticus*, *E. graminifolius*, *E. tenuifolius*, alle sehr ähnlich mit grasähnlichen Blättern und dichten Blütenbüscheln in Blau oder Weiß, 15 cm.
- *E. dinaricus*, kleines Polster mit einzelnen sitzenden blauen Blütenglocken über graugrünen Nadelblättern.
- *E. pumilio*, ähnlich voriger Art, Polster noch dichter.
- *E. serpyllifolius*, 3 cm, dunkelblau, flache Polster bildende Art mit dunkelgrünen Blättchen und sehr schönen großen, einzeln stehenden Glockenblüten.

Die drei Letzten sind sehr schön in Trögen.

Feinstrahlaster
Erigeron

✿ 4–7 ⬆ 10–30 cm ○ **K+**

Wuchs: Buschiger, reich verzweigter Wuchs aus grundständiger Blattrosette.
Blatt: Ganzrandige oder gefiederte mitunter behaarte Blätter.
Blüte: Weiße, rosa oder blaue Blütenscheiben mit feinstrahligen Randblüten, gänseblümchenähnlich.
Standort: In voller Sonne, im Geröll oder in Spalten, bei guter Drainage eher etwas feuchter.
Pflege: Sofortiger Rückschnitt nach der Blüte führt bei einigen Arten zu einer Zweitblüte.
Verwendung: Für Spalten oder feineres Geröll, die kleineren Arten sind sehr schön in Trögen.
Pflanzennachbarn: Glockenblumen, Nelken, Polsterphlox, Steinbrech.
Bewährte Arten und Sorten:
- *E. aurantiacus*, 20 cm, orangerot, sehr schöne Farbe, Winterschutz.
- *E. aureus* 'Canary Bird', 8 cm, cremegelb, großblumig, sehr schön.
- *E. compositus* var. *discoideus*, (Syn.: *E. trifidus)*, 10 cm, blaurosa, gefiederte behaarte Blättchen.
- *E. karvinskianus*, 10 cm, weiß, gänseblümchenähnlich, kleine Matten bildender Dauerblüher, nicht überall winterhart.
- *E. uniflorus*, 5 cm, violettblau, zwergige Art mit einzeln stehenden Blüten über glänzender Blattrosette.

Erigeron aureus aus den Rocky Mountains.

Erinus alpinus versamt sich gerne.

Leberbalsam
Erinus

✿ 5–8 ⬆ 10 cm ○ K+

Wuchs: Lockere Rasen bildende kleine Staude, kurzlebig, erhält sich durch Selbstaussaat.
Blatt: Längliche leicht gezähnte Blättchen in Rosetten.
Blüte: Rot, rosa und weiß blühend in endständigen Trauben.
Standort: In Sonne und leichtem Halbschatten, in Geröll und Spalten.
Pflege: Kurzlebige Pflanze, die sich durch Selbstaussaat erhält. Überzählige Pflänzchen entfernen.
Verwendung: Schöner Dauerblüher für Geröll, Spalten, Trockenmauer und in Trögen. Trotz Selbstaussaat nur selten lästig.
Pflanzennachbarn: Nelken, Glockenblumen, Fingerkraut, *Saxifraga*.
Bewährte Arten und Sorten:
- *E. alpinus*, 10 cm, rosafarben. 'Albus', 10 cm, reinweiß; 'Dr. Hähnle', 10 cm, leuchtend rot.

Reiherschnabel
Erodium

✿ 5–8 ⬆ 10–20 cm ○ K+

Wuchs: Kleine, storchschnabelähnliche Stauden.
Blatt: Meist doppelt gefiederte behaarte Blätter in grundständiger Rosette.
Blüte: Dauerblüher mit oft interessant gezeichneten »stiefmütterchenähnlichen« Blüten.
Standort: In voller Sonne, in Spalten oder Geröll, beste Drainage, eher trocken.
Pflege: Problemlos. Nässeschutz im Winter ratsam. Einige Arten nicht ganz winterhart.
Verwendung: In sonnigen, trockenen, warmen Schuttflächen und Spalten und auf Mauerkronen, bei bester Drainage.
Pflanzennachbarn: Nelken, Hauswurz, Freilandkakteen.
Bewährte Arten und Sorten:
- *E. chrysanthum*, 15 cm, schwefelgelb, doppelt gefiederte, silbrige Blätter.
- *E. guttatum*, 15 cm, weiß mit dunkler Zeichnung.
- *E. manescavii*, 30 cm, leuchtend magentarot, nur für den größeren Steingarten.

Erodium petraeum

- *E. petraeum* subsp. *glandulosum*, 15 cm, rosa mit dunkler Zeichnung, fein fiederteilige Blätter.
- *E. reichardii*, 3 cm, weiß, dauerblühender Zwerg, 'Roseum' rosa, 'Plenum' rosa gefüllt und 'Bishop's Form' violett, großblumig, alle nicht richtig winterhart.

Eryngium alpinum

Edeldistel
Eryngium

✿ 6–8 ⬆ 20–50 cm
○ **K**+/–

Wuchs: Anspruchslose Stauden mit flacher Blattrosette und tiefgreifenden, fleischigen Wurzeln.
Blatt: Grüne bis graugrüne Blätter, mitunter deutlich geadert, in dichten Rosetten.
Blüte: Kugelige bis längliche Blütenköpfe mit stacheligen Hüllblättern, silbergrau bis stahlblau.
Standort: Tiefgründige Geröll- und Schotterböden, eher trocken, in voller Sonne.
Pflege: Problemlos.
Verwendung: Für trockene Geröllflächen und in Spalten.
Pflanzennachbarn: Schöterich, Reiherschnabel, Schleierkraut, Sonnenröschen, Strandnelke.
Bewährte Arten und Sorten:

- *E. alpinum*, 50 cm, stahlblau, nur für große Steingärten.
- *E. bourgatii*, 30 cm, graublau, geteilte, weiß geaderte Blätter.
- *E. glaciale*, 20 cm, graublau, langstachelige Hüllblätter, Nässeschutz im Winter, schön.
- *E. planum*, 80 cm, stahlblau, vielblütig, nur für den großen Steingarten.
- *E. variifolium*, 40 cm, graublau, auffallend weiße Blattzeichnung.

Ein niedriger Typ von *Erysimum helveticum*.

Schöterich, Goldlack
Erysimum

✿ 4–7 ⬆ 15 cm ○ **K**+

Wuchs: Flache bis kleinbuschige Polster.
Blatt: Graugrüne, leicht gezähnte längliche Blättchen.
Blüte: Große, gelbe, orange oder rosafarbige Kreuzblüten an sich im Abblühen streckenden Rispen.
Standort: In voller Sonne in Geröll oder Spalten, trocken.
Pflege: Fruchtstände nach dem Abblühen entfernen, nur bei bester Drainage langlebig.
Verwendung: Durch die leuchtenden Blütenfarben wertvolle Frühsommerblüher für Spalten und Schuttflächen. Die kleineren Arten sehr schön in Trögen.
Pflanzennachbarn: Nelken, Glockenblumen, *Sempervivum*.

Bewährte Arten und Sorten:

- *E. rhaeticum* (Syn.: *E. helveticum*), 15 cm, gelb, bei 'Golden Gem' goldgelb, bei Sämlingen oft verschieden große Pflanzen.
- *E.* 'Türkischer Basar', 20 cm, orange, sehr schöne Sorte für den Steingarten und die Trockenmauer, leider meist nicht ausreichend winterhart.

Enzian
Gentiana

✿ 4–11 ⬆ 5–80 cm ○
K+/–

Sehr artenreiche Pflanzengattung mit polstrig und staudig aufrecht wachsenden frühling-, sommer- und herbstblühenden Arten, von denen hier nur die Gängigsten besprochen werden können.

Wuchs: Flache, lockere bis dichte Polster, einige mit am Boden aufliegenden Trieben, oder straff aufrechte buschige Stauden.

Blatt: Ganzrandige dunkelgrüne, gelegentlich zugespitzte gegenständige oder quirlige Blätter.

Blüte: Trichterförmige Blüten in Blau, Rosa, Violett, Weiß und Gelb.

Standort: Humos-lehmige, schottrige alpine Rasen, einige in torfig-sauren Böden, alle eher feucht.

Pflege: Problemlos. Bei den buschigen Arten im Frühjahr die abgefrorenen Triebe entfernen.

Verwendung: Durch die intensiven Blütenfarben sehr wichtige Pflanzen für Steingarten, Alpinum, Tröge und Mauern. Eine der typischen Gebirgspflanzen. Die Frühlingsblüher bevorzugen frische, tonige Böden.

Pflanzennachbarn: Steinbrech, Nelken, Edelweiß, Polsterphlox, kleine Rhododendren.

Bewährte Arten und Sorten:

Gute Einsteiger-Arten sind:

- *G. verna*, Frühlingsenzian, 8 cm, leuchtend blau oder weiß, auf Kalk, sehr schön.
- *G. v.* var. *angulosa*, wie vorige, aber gartenwilliger.
- *G. acaulis*, *G. angustifolia*, *G. clusii*, *G. dinarica*, Stängelloser Enzian, 10 cm, blau oder weiß, alle sehr ähnlich, in vielen Sorten im Handel. Zu empfehlen sind folgende: 'Coelestina', himmelblau, mit Nachblüte; 'Rannoch', dunkelblau, blühwillig; 'Frei', azurblau, teilweise Nachblüte im Herbst; 'Alba' weiß-gelb, nicht so einfach; 'JP Dark Blue', dunkelviolettblau, großblumig; 'Fronleiten', dunkelazurblau, mittelgroße Blüten.

Der Frühlingsenzian *(Gentiana verna)* begeistert mit seinem leuchtenden Blau.

Die *Geranium cinereum*-Sorte 'Ballerina' ist leicht zu halten.

- *G. asclepiadea*, Schwalbenwurzenzian, 50 cm, blau; 'Alba' weiß; 'Rosea' rosafarben.
- *G. septemfida* var. *lagodechiana*, Sommerenzian, 10 cm, tiefblau, reichblühend, robust, für saure Böden.
- *G. sino-ornata*, Herbstenzian, 10 cm, blau, weiß, für saure Böden. Empfehlenswerte Sorten sind: 'Bellatrix', weiß mit blauen Sprenkeln, robust; 'Blauer Zwerg', kompakte Polster, lange Blütezeit; 'Pilatusgeist', azurblau, problemlos, reichblühend.

Storchschnabel
Geranium

✿ 5–8 ⬆ bis 15 cm ○ **K+**

Eine Pflanzengattung mit vielen in jeden Garten verwendbaren Arten. Für den Steingarten kommen nur die kleinwüchsigen Arten in Frage.

Wuchs: Buschige Stauden mit grundständigen Blättern.

Blatt: Kreisförmige gelappte Blätter, grün, silbergrau oder rotbraun.

Blüte: Rundliche Blüten mit leuchtenden Farben in lockeren, wenigblütigen Dolden. Alle mit langer Blütezeit.

Standort: Die meisten alpinen Arten in voller Sonne, im Geröll oder in Spalten.

Pflege: Problemlos. Früchte zur Samenernte eintüten.

Verwendung: Für Geröll und Spalten, einige gut in sonnigen bis halbschattigen Mauerfugen. Gute Drainage ist von Vorteil.

Pflanzennachbarn: Glockenblumen, Enziane, Steinbrech, Hauswurz, Gräser.

Bewährte Arten und Sorten:

- *G. argenteum*, 10 cm, hellrosa, dunkel geadert, silbergraues Laub, empfindlich, Nässeschutz.
- *G. × cantabrigiense*, 20 cm, rosa, verschiedene Sorten, alle gut für die Trockenmauer.
- *G. cinereum* 'Ballerina', 10 cm, rosa, geadert mit dunklem Auge, robust und lange blühend.
- *G. c.* var. *subcaulescens* 'Splendens', 10 cm, rosa mit hellem Auge, robust.
- *G. dalmaticum*, 10 cm, rosa, Ausläufer bildende Art, sehr schön in Mauern, 'Alba' blüht weiß.
- *G. renardii*, 15 cm, weiß, dunkel geadert, stark behaartes, gewelltes, graugrünes Laub, hitzeverträglich, trocken, sehr schön.
- *G. sanguineum* var. *striatum*, 15 cm, hellrosa, dankbarer Dauerblüher in voller Sonne.

Kugelblume
Globularia

✿ 5–6 ⬆ 5 cm ○ **K+**

Wuchs: Flach auf den Boden gedrückte Teppiche.

Blatt: Gestielte Löffelblättchen, dicht stehend.

Blüte: Blaue Kugelblüten an dünnen Stielen.

Standort: In voller Sonne, aus Spalten über Felsbrocken wachsend.

Pflege: Schutz vor Wintersonne, sonst problemlos.

Verwendung: Als schwachwüchsiger Bodendecker in Spalten,

auch gut in Trögen über den Rand wachsend.
Pflanzennachbarn: Nelken, Enziane, Steinbrech, Sandkraut *(Arenaria)*, Sonnenröschen.
Bewährte Arten und Sorten:
- *G. cordifolia*, 5 cm, blau, bodendeckend. 'Kleiner St. Bernhard', wie obige, sehr kompakt.
- *G. meridionalis*, ähnlich *G. cordifolia*, aber robuster.
- *G. nudicaulis*, 20 cm, blaue Kugelblüten über dichter Blattrosette.
- *G. repens*, 3 cm, blau, zwergige Art, bildet dichte Matten mit fast aufsitzenden Blüten, benötigt Schutz gegen Kahlfröste.

Globularia cordifolia

Schleierkraut
Gypsophila

✿ 5–6 ⬆ 3–15 cm ○ **K+**

Wuchs: Dem Boden aufliegende Matten oder kompakte Polster bildende Stauden.
Blatt: Grüne bis graugrüne lanzettliche, mitunter nadelartige Blättchen.
Blüte: Weiße fünfzählige Blüten in Trugdolden.
Standort: In voller Sonne, in trockenen Spalten oder Geröll, immer in Kalk.
Pflege: Empfindlichere Arten danken Nässeschutz im Winter.
Verwendung: Sehr dekorativ in Trockenmauern und in Geröllhängen in voller Sonne. Die kleinwüchsigen Arten schön für Tröge.
Pflanzennachbarn: Nelken, Hauswurz, Steinbrech, *Sedum*, Johanniskraut, Glockenblume.
Bewährte Arten und Sorten:
- *G. aretioides* 'Caucasica', 3 cm, graugrüne Kugelpolster, selten mit weißen aufsitzenden Blütchen.
- *G. cerastioides*, 3 cm, weiß, unterirdisch kriechende Matten bildende Art.
- *G. petraea*, 10 cm, weiße Blütenkugeln auf dichten graugrünen nadelblättrigen Polstern, schön in Spalten und Trögen.

Gypsophila repens 'Rosea'

- *G. repens*, 10 cm, weiß, überhängende Teppiche, schön in Mauern, 'Rosea' blüht rosa. 'Dubia', 5 cm, weiß, gelegentlich angebotene Zwergform, sehr kompakt; 'Rosenschleier', 20 cm, rosa, gefüllt blühende Teppiche, gut für Mauern.
- *G. tenuifolia*, 10 cm, weiß, grüne Nadelpolster.
- *G.* × 'Knuddel', 5 cm, rosa, lange blühender, kompakter Zwergteppich.

Sonnenröschen
Helianthemum

✿ 6–8 ⬆ 20 cm ☼–○ **K+**

Wuchs: Immergrüne oder teilweise immergrüne Halbsträucher.

Sonnenröschen *(Helianthemum)* sind in vielen Sorten im Handel.

Blatt: Längliche, stark gekielte Blättchen, mitunter silbergrau behaart.
Blüte: Rundliche Blütenscheiben in vielen Farbschattierungen von Weiß über Gelb bis Rot. Dauerblüher.
Standort: In voller Sonne, in Geröll und Spalten bei guter Drainage, eher trocken.
Pflege: Rückschnitt der ganzen Büsche unmittelbar nach der Hauptblüte hält die Pflanzen blühwillig. Schutz vor Wintersonne ist ratsam.
Verwendung: Für trockenwarme Lagen im Steingarten und in Trockenmauern. Die kleinen Arten auch für größere Tröge.
Pflanzennachbarn: Nelken, Freilandkakteen, Hauswurz, Edelraute.

Bewährte Arten und Sorten:

- *H. apenninum*, 30 cm, weiß, gut winterhart, starkwüchsig.
- *H. canum*, dunkelgelb, 15 cm, behaarte Blätter.
- *H. lippii*, 10 cm, gelb, dichte silbergraue Polster.
- *H. lunulatum*, 10 cm, gelb, dichte, silbergraue Polster.
- *H. oelandicum* subsp. *alpestre* 'Serpyllifolium', 5 cm, gelb, kompaktes Polster, reichblühend.
- *H.*-Hybriden, bis 30 cm, in vielen Farbsorten: 'Amy Baring', aprikosenfarbig, kompakt; 'Cerise Queen', kirschrot, gefüllt; 'Gelbe Perle', hellgelb, gefüllt; 'Pink Double', rosa, gefüllt; 'Rosa Königin', rosa, graulaubig; 'Sterntaler', gelb, kompakt; 'Wisley White', reinweiß, sparrig.

Habichtskraut
Hieracium

✿ 6–8 ⬆ 20 cm ☼–○
K+/–

Wuchs: Dichte Teppiche oder Horste bildende Stauden.
Blatt: Länglich bis löffelförmig, meist dicht behaart.
Blüte: Löwenzahnähnliche Blütenkörbe in Gelb bis Orange.
Standort: In voller Sonne, im Geröll, eher trocken.
Pflege: Problemlos. Zu große Teppiche abstechen.
Verwendung: Für sonnig-trockene Flächen im Steingarten oder in der Trockenmauer. Alle bei guter Drainage.
Pflanzennachbarn: Glockenblumen, Sonnenröschen, Hauswurz, Freilandkakteen.

Hieracium villosum

Bewährte Arten und Sorten:
- *H. bombycinum*, 20 cm, hellgelb, silberhaarige Blätter.
- *H. pilosella*, 15 cm, hellgelb, wenig behaart, wuchert.
- *H. tomentosum*, 25 cm, ähnlich voriger.
- *H. villosum*, 20 cm, gelb, stark behaart.

Johanniskraut
Hypericum

✿ 5–8 ⬆ 20 cm ☼–○
K+/–

Wuchs: Dichtbuschige bis flach aufliegende Stauden.
Blatt: Ovale, zugespitzte silbergraue Blättchen.
Blüte: Fünfzählige Blütenschalen in leuchtendem Gelb.
Standort: In voller Sonne, im Geröll oder in Spalten, eher trocken.
Pflege: Bei einigen Arten führt ein sofortiger Rückschnitt nach der Blüte zur Zweitblüte im Spätsommer.
Verwendung: Sehr schön im Steingarten und in der Trockenmauer. In voller Sonne. Die kleineren Arten auch gut für Tröge.
Pflanzennachbarn: Hauswurz, Katzenpfötchen, Nelken, Polsterphlox.
Bewährte Arten und Sorten:
- *H. polyphyllum*, 15 cm, gelb, Rückschnitt nach der Blüte.

Hypericum polyphyllum

  'Schwefelperle', schwefelgelb, 15 cm, Rückschnitt nach der Blüte.
- *H. yakushimanum*, 2 cm, gelb, am Boden aufliegender Zwerg, rötliche Blättchen, kurzlebig, versamt sich aber gut.

Schleifenblume
Iberis

✿ 3–4 ⬆ 5–15 cm ○ K+/–

Wuchs: Niedrige immergrüne Zwergsträucher.
Blatt: Dunkelgrüne ganzrandige Blätter, immergrün.
Blüte: Kleine vierblättrige Blüten in dicht gedrängter Doldentraube, reich blühend, meist weiß, selten rosa.
Standort: In voller Sonne in Spalten und feinem Geröll. Bei guter Drainage.
Pflege: Zu große Pflanzen werden nach der Blüte bis auf die älteren Blätter zurückgeschnitten.
Verwendung: Unersetzlich für Felsspalten, Trockenmauern und große Tröge. Kleine Arten auch für kleine Tröge. Immer in voller Sonne.
Pflanzennachbarn: Andere Frühlingsblüher wie Blaukissen, *Alyssum* und *Arabis*.
Bewährte Arten und Sorten:
- *I. candolleana*, 5 cm, weiß, Zwergpolster für kleine Tröge.

Iberis saxatilis ist ein Halbstrauch.

Ein gelb blühender Typ von *Iris suaveolens*.

- *I. saxatilis*, 8 cm, weiß, Zwergpolster, auch gut für Tröge. 'Pygmaea', 5 cm, weiß, Zwergpolster mit nadelartigen Blättchen.
- *I. sempervirens* 'Schneeflocke', 25 cm, weiß, schön in Trockenmauern; 'Zwergschneeflocke' kompaktere Form als vorige.

Schwertlilie
Iris

✿ 4–6 ⬆ 10–30 cm
☼ –○ **K**+/–

Eine außerordentlich arten- und sortenreiche Pflanzengattung. Für den Steingarten sind nur die kleinwüchsigen geeignet.
Wuchs: Niedere Stauden mit deutlich ausgeprägten oberirdisch kriechenden Rhizomen oder unterirdischen Knollen.
Blatt: Gras- oder schwertartige meist graugrüne, straff aufrecht stehende Blätter.
Blüte: Kompliziert aufgebaute, meist sehr große Blüten in vielen Farben. Alle sehr schön.
Standort: Immer in voller Sonne und auf Kalk, die *Iris*-Barbata-Sorten eher trocken.
Pflege: Problemlos. Iris werden sehr flach gepflanzt, das Rhizom darf nicht von Erde bedeckt sein. Bei feuchten Böden etwas erhöht pflanzen.
Verwendung: Alle steingartentauglichen Iris-Arten sind sehr schöne Blütenstauden. Sie eignen sich für trockene Geröllflächen in voller Sonne. Gute Drainage ist wichtig. Die zwergigen Formen eignen sich auch gut für Tröge.
Pflanzennachbarn: Ehrenpreis, Gräser, Sonnenröschen.

Bewährte Arten und Sorten:
- *Iris*-Barbata-Nana-Hybriden, 15–25 cm, viele Sorten: 'Chalk Mark', 20 cm, cremeweiß; 'Melon Honey', 25 cm, aprikosenfarbig; 'Rote Laterne', 25 cm, rotbraun; 'Samtpfötchen', 25 cm, schwarzblau; 'Saphire Gem', 25 cm, hellblau; 'Soft Air', 25 cm, hellgelb; 'Sonnentrude', 25 cm, cremefarben/hellgelb.
- *I. cristata*, 10 cm, weiß/blau, schöner Zwerg, auch für Tröge.
- *I. lacustris*, 10 cm, hellblau, wie vorige.
- *I. suaveolens*, 10 cm, gelb, sehr schön.

Edelweiß
Leontopodium

✿ 5–7 ⬆ 5–15 cm ○ **K**+

Neben dem Enzian ist das Edelweiß die typische Gebirgspflanze und darf in keinem klassischen Steingarten fehlen.
Wuchs: Niedrige Stauden mit dichten Blattrosetten.
Blatt: Längliche Blätter mit dichter, silbergrauer Behaarung.
Blüte: Kleine Blütenköpfchen, die von sternförmig angeordneten Hochblättern umgeben sind.
Standort: Alpine Matten und Felsspalten in voller Sonne, nicht zu trocken bei guter Drainage.

Pflege: Die verblühenden Blütenstände knapp über den Blättern abschneiden. Sie sind auch gut zum Trocknen geeignet.
Verwendung: Typische Gebirgspflanze für jeden Steingarten und die Trockenmauer. Kleine Arten schön in Trögen.
Pflanzennachbarn: Enziane, Steinbrech, Hauswurz, Glockenblumen, Primeln.
Bewährte Arten und Sorten:

- *L. alpinum*, das Edelweiß, 15 cm, weißfilzig. 'Stella Bavaria', 15 cm, dichtwollig.
- *L. a.* subsp. *nivale*, 5 cm, weißfilzige Zwergform.
- *L. souliei*, 15 cm, graufilzig, Blätter grün. 'Mignon', 10 cm, sonst wie die Art.

Leontopodium alpinum

Bitterwurz
Lewisia

✿ 5–6 ⬆ 15 cm ☼–○
K–

Wuchs: Niedere Stauden mit dicken, fleischigen Wurzeln.
Blatt: Dickfleischige Blätter in flachen Rosetten, einige Arten immergrün.
Blüte: Herrlich gefärbte vielblättrige Blüten in lockeren Blütendolden.
Standort: In voller Sonne, in Spalten oder Geröll, trocken.
Pflege: Alle Arten benötigen Nässeschutz im Winter und eine sehr gute Drainage. Gesteinssplitt um den Wurzelhals streuen.
Verwendung: Für trockenwarme Spalten oder Geröllfelder. Auch schön in Trögen.
Pflanzennachbarn: Freilandkakteen, *Delosperma*, Hauswurz.
Bewährte Arten und Sorten:

- *L. cotyledon*, 15 cm, verschiedene Sorten: 'George Henley', ziegelrot; 'Little Plum', purpurrosa, reichblühend; 'Pinkie', hellrosa, kleinblumig, reichblühend; 'Sunset Strain', herrliche Farbmischung.
- *L. nevadensis*, 5 cm, weiß, zieht ein, problemlos.
- *L. tweedyi*, 8 cm, cremegelb, sehr großblumig, schwieriger zu halten.

Lewisia tweedyi – ein Pflanzenschatz nur für erfahrene Liebhaber.

Alpen-Leinkraut
Linaria alpina

✿ 6–9 ⬆ 5 cm ○ **K+**

Wuchs: Rasen bildende Pflanze mit auf dem Boden aufliegenden Trieben.
Blatt: Blaugraue nadelartige Blättchen.

Linaria alpina

Blüte: Löwenmaulähnliche Blüten, violett/gelb.
Standort: In feinerdearmem Kalkschutt, in voller Sonne, nicht zu trocken.
Pflege: Oft kurzlebig, samt aber gut aus und erhält sich damit. Zu dicht stehende Sämlinge vereinzeln.
Verwendung: Sehr schön im Geröll und in Trögen. Immer mit bester Drainage.
Pflanzennachbarn: Steinbrech, Primeln, Sandkraut, Glockenblumen.

Lein
Linum

✿ 6–8 ⬆ 25 cm ○ **K+**

Wuchs: Dicht horstig wachsende niedere Stauden.
Blatt: Grüne bis blaugrüne Blätter.
Blüte: Fünfteilige Blüten an lockerer Dolde, blau, gelb, weiß, rosa. Einzelne Blüten kurzlebig, aber ständig nachblühend.
Standort: In sonnigen Spalten und Geröll, bei guter Drainage, eher trocken.
Pflege: Die empfindlicheren Arten benötigen Nässeschutz im Winter. Pflanzen sind oft kurzlebig.
Verwendung: An sonnig-trockenen Stellen im Steingarten, in der Trockenmauer und in großen Trögen.
Pflanzennachbarn: Hauswurz, Steinbrech, Alpen-Leinkraut, Nelken.
Bewährte Arten und Sorten:
- *L. alpinum*, 20 cm, hellblau, zierliche Blättchen.
- *L. campanulatum*, 15 cm, leuchtend gelb.
- *L. flavum* 'Compactum', 20 cm, goldgelb.
- *L. perenne* subsp. *nanum* 'Diamant', 20 cm, weiß; 'Saphir', 20 cm, saphirblau.
- *L. suffruticosum* subsp. *salsoloides*, 10 cm, Adern zartrosa, weiß, niederliegende Triebe.

Linum campanulatum ist gut für trockenere Stellen geeignet.

Moltkie
Moltkia

✿ 6–8 ⬆ 30 cm ☼–○ **K+**

Wuchs: Aufrecht wachsende buschige Halbsträucher.
Blatt: Blaugrüne rauhaarige längliche Blätter.
Blüte: Blütendolden mit leuchtend blauen nickenden Blüten. Alle sehr auffällig.

Moltkia petraea blüht auffallend blau.

Standort: In Spalten und im Geröll, immer in voller Sonne, eher trocken.
Pflege: Zu groß gewordene Büsche können nach der Blüte zurückgeschnitten werden.
Verwendung: Sehr schön und weit leuchtend im Steingarten und in Trockenmauern. Auch für große Tröge. Immer bei guter Drainage.
Pflanzennachbarn: Mediterrane Gebirgspflanzen, Igelpolster, Nelken, Gräser.
Bewährte Arten und Sorten:

- *M. × intermedia*, 20 cm, leuchtend blau, kompakter Busch mit auffällig langen Blättern, sehr schön.
- *M. petraea*, 25 cm, violettblau, breitbuschige Staude, sehr lange Blütezeit.
- *M. suffruticosa*, 25 cm, azurblau, dichtrasig, oft nicht ausreichend winterhart.

Vergissmeinnicht
Myosotis

✿ 4–7 ⬆ 15 cm ☼–○
K–

Wuchs: Zierliche Stauden mit grundständigem Blattpolster, teilweise halbkugelig. Oft nur zweijährig bzw. kurzlebig.
Blatt: Ovale behaarte Blätter, sattgrün oder bräunlich.
Blüte: Blaue, weiße, rosa oder gelbe Blüten in lockeren Trauben oder direkt aufsitzend.
Standort: In Spalten, Geröll oder alpinen Matten. Die dichten Polster bei bester Drainage. Alle eher feucht.
Pflege: Einige Arten versamen sehr stark und werden schnell zu Unkraut. Die Polster benötigen Nässeschutz im Winter.
Verwendung: Sehr schön in feuchteren Bereichen des Steingartens und in feuchten Mauern. Die Polsterarten sind sehr schon in Trögen.
Pflanzennachbarn: Primeln, Steinbrech, Gräser.

Bewährte Arten und Sorten:

- *M. australis*, 15 cm, gelb, bronzefarbiges Laub.
- *M. decora*, 2 cm, weiß, zwergige Art, auf Kalkstein.
- *M. palustris* 'Bill Baker', 15 cm, hellblau, die »zahme« Ausführung des Sumpfvergissmeinnichts, sehr schön.
- *M. pulvinaris*, 3 cm, weiß, dichtes Zwergpolster, schwierig.
- *M. rehsteineri*, 5 cm, himmelblau, etwas Winterschutz.

Myosotis rehsteineri eignet sich gut für feuchtere Plätze am Wasser.

Die hopfenblütigen *Origanum*-Arten sind schön, aber frostempfindlich.

Zwergdost
Origanum

✿ 7–9 ⬆ 30 cm ○ **K+**

Wuchs: Kleine buschige, teilweise verholzende Steingartenstauden.
Blatt: Grauhaarige kurzgestielte leicht herzförmige Blätter.
Blüte: Kleine, fast unscheinbare Röhrenblüten in sehr auffälligen zapfenartigen Blütenständen.
Standort: In voller Sonne in Spalten und zwischen Steinbrocken, immer bei bester Drainage.
Pflege: Die sehr schönen hopfenblütigen Arten sind leider nicht sicher frosthart. Sie benötigen im Winter Nässeschutz und Kälteschutz.
Verwendung: In Spalten, im Geröll und in Trockenmauern, auch sehr schön für Tröge.
Pflanzennachbarn: Igelpolster, Nelken, Hauswurz.
Bewährte Arten und Sorten:
- *O.* 'Kent Beauty', 25 cm, rosafarben, relativ winterharte Sorte.
- *O.* 'Barbara Tingey', 25 cm, rosafarben.

Mohn
Papaver

✿ 5–6 ⬆ 15 cm ○ **K**+/–

Eine sehr formenreiche Gattung, von der allerdings nur die kleinwüchsigen Arten und Sorten in Frage kommen.
Wuchs: Milchsaft führende zierliche Stauden mit grundständiger Blattrosette. Einige nur kurzlebig.
Blatt: Blaugrüne, behaarte, fiederteilige Blätter.
Blüte: Große Blütenscheiben einzeln an schlanken, behaarten Stängeln. In Rosa, Gelb, Rot, Weiß und Orange.
Standort: In voller Sonne, in Geröll und Spalten, eher trocken.
Pflege: An zusagendem Standort versamt sich der Mohn leicht. Immer einige Pflanzen stehen lassen, um die Art zu erhalten. *P. nudicaule* ist eine schöne Schnittblume, wenn er im knospigen Zustand geschnitten wird.
Verwendung: In sonnigem Geröll, in Mauern und zwischen Felsbrocken. Die kleinen auch schön in Trögen. Alle bei guter Drainage.
Pflanzennachbarn: Nelken, Hauswurz, Moltkie, Glockenblumen.
Bewährte Arten und Sorten:
- *P. alpinum* subsp. *kerneri*, (Syn.: *P. kerneri)*, 15 cm, goldgelb.
- *P. alpinum* subsp. *rhaeticum*, (Syn.: *P. rhaeticum)*, 15 cm, leuchtend gelb, sehr großblütig, auf Kalk.

Papaver alpinium subsp. *rhaeticum* ist nahe mit *P. alpinum* verwandt.

- *P. alpinum* subsp. *sendtneri*, (Syn.: *P. sendtneri)*, 15 cm, weiß, weichhaariges Laub.
- *P. nudicaule*, Islandmohn; 'Gartenzwerg', 30 cm, reiches Farbenspiel, auf Urgestein; Pacino', (Syn.: *P. miyabeianum)*, 15 cm, schwefelgelb, auf Urgestein
- *P. orientale* 'Pizzicato', 50 cm, viele Farben, ein kleiner Türkenmohn.

Bartfaden
Penstemon

✿ 6–7 ⬆ 5–20 cm ○ **K**+/–

Eine sehr artenreiche Pflanzengattung. Für den Steingarten eignen sich die kleineren Arten und Sorten ideal.

Wuchs: Teils verholzende, buschige oder niederliegende Stauden.

Blatt: Gegenständige breit längliche bis nadelförmige grüne bis grünrote Blätter.

Blüte: Fingerhutähnliche Blüten an aufrechten Rispen, weiß, rosa, rot, gelb und blau.

Standort: Sonnige bis absonnige Stellen in leicht humosem Schotterboden, bei guter Drainage.

Pflege: Einige Arten sind nicht ausreichend winterhart. Bei den empfindlichen ist deshalb mindestens Nässeschutz erforderlich.

Verwendung: In feinerem Geröll und zwischen Felsbrocken, einige auch sehr schön in der Trockenmauer. Die kleineren sind gut geeignete Trogpflanzen.

Pflanzennachbarn: Hauswurz, Gräser, Nelken, Ehrenpreis und *Sedum*.

Bewährte Arten und Sorten: Die genannten Arten sind alle gut winterhart, die Teppich bildenden aber trotzdem dankbar für Nässeschutz im Winter.

- *P. alpinus*, 20 cm, blau bis rotviolett.
- *P. davidsonii* var. *menziesii*, 10 cm, lilapurpur, immergrüne Teppiche, sehr schön, schwierig.
- *P. fruticosus*, 40 cm, blau bis purpur, für den Steingarten.
- *P. hirsutus* 'Pygmaeus', 10 cm, lila/weiß, auch für Tröge.
- *P. pinifolius*, 20 cm, rot, nadelartige Blätter, 'Mersea Yellow', 20 cm, gelb, nadelartige Blätter.
- *P.*-Hybride 'Roy Davidson', 15 cm, rosa, blüht gelegentlich nach, sehr schön.

Phlox, Polsterphlox
Phlox

✿ 5–6 ⬆ 5–15 cm ○ **K**+

Wuchs: Dichte, flach aufliegende Polster.

Penstemon fruticosus

Blatt: Nadelartige dicht stehende Blättchen an verzweigten Trieben.

Blüte: Deutlich fünfteilige Blüten, meist mit kräftigem Auge.

Standort: In voller Sonne, in Spalten oder feinerem Geröll, bei guter Drainage.

Pflege: Rückschnitt der zu groß gewordenen Polster nach der Blüte. Die Wildarten benötigen im Winter Nässeschutz.

Verwendung: Eines der typischen Steingartenpolster. Ebenso unverzichtbar in Trockenmauern, kleinwüchsige Arten auch sehr schön in Trögen.

Pflanzennachbarn: Blaukissen, *Arabis*, *Alyssum*, Nelken, Glockenblumen, Steinbrech.

Bewährte Arten und Sorten:

- *P. borealis*, 10 cm, rosa, großblumig, hartes Polster.

Prächtig rot blüht die *Phlox douglasii*-Sorte 'Crackerjack'

- *P. douglasii*, 10 cm, in vielen Sorten, alle sehr schön, auch für Tröge: 'Crackerjack', karminrot; 'Eva', rosa, dunkles Auge; 'Lilac Cloud', hellviolett; 'Ochsenblut', dunkelrot; 'Red Admiral', leuchtend rot; 'Rose Cushion', leuchtend rosa; 'White Admiral', rein weiß.
- *P. subulata*, 15 cm, in allen Teilen größer als *P. douglasii*, sehr schön in Mauern: 'Candy Stripes', weiß/rosa; 'Emerald Cushion Blue', hellblau; 'G. F. Wilson', hellblau, starkwüchsig; 'Maischnee', rein weiß, kompakt; 'Scarlet Flame', karminscharlach, robust; 'White Delight', rein weiß, starkwüchsig.

Ballonblume
Platycodon

✿ 6–8 ⬆ 10–50 cm ○ **K–**

Wuchs: Aufrechte, buschige Stauden mit fleischigen Wurzeln, spät austreibend.
Blatt: Grüne bis blaugrüne Blätter, leicht gezähnt.
Blüte: Große Blütensterne mit ballonartigen Knospen, in Blau, Weiß und Rosa.
Standort: In humosem Geröll- und Schotterboden, eher feucht.
Pflege: Problemlos, im Frühjahr abgefrorene Triebe entfernen.
Verwendung: In sonnigen, feuchten Geröll- und Schuttflächen, bei guter Drainge.
Pflanzennachbarn: Zwerggehölze, Primeln, Nelken, krustige Saxifragen.
Bewährte Arten und Sorten:
- *P. grandiflorus* 'Apoyama', 20 cm, violettblau; 'Fairy Snow', blüht weiß, mit dunklen Adern, 25 cm; 'Misato Purple', blüht purpurviolett, 20 cm; 'Mariesii', tiefblau, 40 cm, reichblütig; 'Astra Blau', blau, 10 cm, Zwergform; 'Zwerg', 10 cm, blau, Zwergform.

Platycodon grandiflorus

Potentilla aurea, ein Vertreter der Urgesteinsflora.

Fingerkraut
Potentilla

✿ 4–8 ⬆ 3–30 cm ○
K+/–

Pflanzengattung mit vielen Arten, von denen die kleinwüchsigen wichtige Steingarten- und Trogpflanzen sind.

Wuchs: Flach aufliegende oder kleinbuschige, teilweise verholzende Stauden.

Blatt: Grün bis silbrig behaarte, mehrteilig gefingerte, oder gefiederte Blätter.

Blüte: Flache fünfteilige Blütenscheiben in Gelb und Weiß, selten Rot oder Rosa.

Standort: Geröll, Spalten und alpine Rasen, in voller Sonne.

Pflege: Problemlos. Bei zu großen Polstern einzelne Triebe im Frühjahr zurückschneiden.

Verwendung: Im Steingarten, in Mauern und die kleinwüchsigen Arten in Trögen. Alle sehr schön.

Pflanzennachbarn: Nelken, Polsterphlox, Glockenblumen.

Bewährte Arten und Sorten:

- *P. aurea* 'Goldklumpen', 5 cm, goldgelb, für Urgestein.
- *P. clusiana*, 5 cm, weiß, Zwergpolster für Tröge,
- *P. crantzii* 'Goldrausch', 5 cm, tief goldgelb, remontiert.
- *P. megalantha*, 15 cm, leuchtend gelb, große samtweiche Blätter, großblumig.
- *P. neumanniana* 'Nana', 3 cm, gelb, grüne Teppiche, 'Orange Form' blüht orange.
- *P. nitida*, 5 cm, rosa, silberblättrig, sehr schön in Trögen, oft blühfaul.
- *P. tridentata* 'Nuuk', 15 cm, weiß, dunkelgrüner Bodendecker, starkwüchsig, gut in Sandsteinmauern.
- *P. × tonguei*, 15 cm, rot/orange, starkwüchsig, für den Steingarten und Trockenmauern.

Primel
Primula

✿ 3–5 ⬆ 3–15 cm ○
K+/–

Mit etwa 550 Arten eine sehr reichhaltige Pflanzengattung, von der hier nur wenige kleinwüchsige, leicht zu haltende Arten vorgestellt werden.

Wuchs: Stauden mit grundständiger Blattrosette.

Blatt: Ganzrandige oder geteilte grüne Blätter mit deutlicher Mittelader, bei einigen Arten stark bemehlt.

Blüte: Aufsitzend oder in kugeligen Blütenständen an schlan-

Primula juliae aus dem Kaukasus.

Pulsatilla vulgaris 'Rote Glocke' – eine Küchenschelle in ungewöhnlichem Rot.

ken Stängeln, weiß, rot, rosa, gelb, blau und viele Zwischentöne.
Standort: Spalten, alpine Matten oder feuchte Uferzonen. Meist in voller Sonne, bei guter Drainage eher feucht.
Pflege: Die meisten problemlos. Bei trockenem Stand anfällig für Läuse.
Verwendung: Alle sehr schön in Felsspalten, feinerem Geröll und in Trögen. Sonnig bis absonnig, eher feucht bei guter Drainage.
Pflanzennachbarn: *Saxifraga*, Enzian, Nelken, Glockenblumen.
Bewährte Arten und Sorten:

- *P. auricula*, Alpenaurikel, 10 cm, gelb, 'Albo-Cincta' ist besonders stark bemehlt, schön.

Primula marginata wächst in Kalkfelsen der Seealpen im französich-italienischen Grenzgebiet.

- *P. denticulata*, Kugelprimel, 20 cm, rosa, violett, weiß, für feuchte Uferbereiche.
- *P. farinosa*, Mehlprimel, 10 cm, rosa.
- *P. juliae*, Kissenprimel, 3 cm, rot, flache Teppiche.
- *P. marginata*, 5 cm, blau, gezähnte Blätter, viele Sorten, alle schön in Trögen.
- *P. × pubescens*, Gartenaurikel; 15 cm, in vielen Sorten und Farbvarianten.
- *P. rosea* 'Gigas', 10 cm, rosa, eine der Ersten im Frühjahr, für feuchte Uferbereiche.
- *P. vialii*, Orchideenprimel, 30 cm, karmin/lavendelblau, kerzenartiger Blütenstand.
- *P. vulgaris*, Frühlingsprimel, 15 cm, gelb, blau, weiß, rot; die in den Blumengeschäften erhältlichen Sorten sind meist nicht ausreichend winterhart.
- *P.* 'Wanda-Hybriden', Zwergfrühlingsprimel, 5 cm, rot, gelb, blau, weiß.

Küchenschelle, Kuhschelle *Pulsatilla*

✿ 3–4 ⬆ 20 cm ○ **K**+/–

Wuchs: Dicht stehende Rhizomstauden mit horstigem Wuchs.
Blatt: Grundständige dreiteilige stark gefiederte und behaarte Blätter.

Blüte: Aufrechte oder nickende Blüten, mindestens fünfzählig. Schöne pinselartige Fruchtstände.
Standort: Alpine Matten und feines Geröll, in voller Sonne, eher feucht.
Pflege: Einige Arten und Sorten völlig problemlos, die Urgesteinsarten ansonsten nur schwierig zu halten.
Verwendung: Für den Steingarten typische Gebirgspflanzen.
Pflanzennachbarn: Gräser, Zwiebelblumen, Polsterstauden.
Bewährte Arten und Sorten:
- *P. alpina* subsp. *alba*, 20 cm, weiß, schwierig.
- *P. halleri* subsp. *taurica*, 15 cm, purpurviolett, wolliges Laub.
- *P. vulgaris* 'Alba', 20 cm, weiß, dankbar. 'Blaue Glocke', 20 cm, dunkelviolett, dankbar; 'Rote Glocke', 20 cm, leuchtend rot, dankbar.

Felsenteller
Ramonda

✿ 6–7 ⬆ 10 cm ◑ **K+**

Wuchs: Usambaraveilchenähnliche Felspflanze.
Blatt: Runzelige, behaarte, leicht gekerbte Blätter in flachen Rosetten.
Blüte: Usambaraveilchenähnliche Blüten in wenigblütigen Dolden, violett oder weiß.
Standort: Absonnige bis halbschattige, feuchte Felsspalten.
Pflege: Problemlos. Gute Drainage wichtig.
Verwendung: Interessante Kalkspaltenpflanze für absonnige senkrechte Spalten, auch schön in Mauern.
Pflanzennachbarn: Farne, *Chiastophyllum*, *Saxifraga umbrosa*.
Bewährte Arten und Sorten:
- *R. myconi*, 10 cm, violettblau, zartrosa oder weiß
- *R. nathaliae*, 10 cm, lavendelblau, 4 blättrige Blüten

Ramonda nathaliae

Hahnenfuß
Ranunculus

✿ 5–7 ⬆ 5–20 cm ○ **K+/–**

Wuchs: Stauden mit faserigen Wurzeln an kurzen Rhizomen. Einige bilden Knöllchen.
Blatt: Meist handförmig geteilt oder ganzrandig herzförmig, dunkelgrün oder graugrün.
Blüte: Fünfteilige Blütenscheiben in Weiß oder Gelb, einige Sorten gefüllt blühend.
Standort: Feuchte Matten, Geröll und Spalten, in voller Sonne, bei guter Drainage.
Pflege: Einige Arten benötigen Nässeschutz im Winter. Verblühte Blütenstände entfernen.
Verwendung: Alle sehr schön in feinem Schutt, die kleineren in Trögen, die kriechenden auch gut in feuchteren Mauern in voller Sonne.

Ranunculus alpestris, ein Kleinod für kühle Stellen.

Sagina subulata fühlt sich auch zwischen Wegplatten wohl.

Pflanzennachbarn: Steinbrech, Primeln, Enzian, Glockenblumen.

Bewährte Arten und Sorten:

- *R. alpestris*, 5 cm, weiß, Kalkschutt, gut für Tröge. 'Annemarie', gefüllt blühend, sonst wie vorige, sehr schön.
- *R. gramineus*, 20 cm, gelb, reichblühend, anspruchslos, zieht im Sommer ein.
- *R. montanus*, 10 cm, gelb, zieht ein.
- *R. parnassifolius*, 5 cm, weiß, sehr schön, schwierig.
- *R. ficaria*, Scharbockskraut, 15 cm, nimmt mit vielen Sorten eine Sonderstellung ein. Es bevorzugt absonnige, feuchte Stellen und zieht nach der Blüte im März bis April schnell ein, einige Sorten sind frostempfindlich.

Sternmoos
Sagina subulata

✿ 6–8 ⬆ 2 cm ○ **K**+/–

Wuchs: Moosartige, teppichbildende Polsterstaude.
Blatt: Nadelartige Blättchen in dichten Matten.
Blüte: Fünfzählige, zierliche, weiße Blütensternchen.
Standort: In der Sonne, in feinem Schutt und in Spalten. Nicht zu trocken.
Pflege: Problemlos, zu groß gewordene Teppiche einfach abstechen.
Verwendung: Sehr gut geeignet in Fugen zwischen Wegplatten und Trittsteinen, dichter Bodendecker.
Pflanzennachbarn: Zwerggehölze, krustige Saxifragen, Günsel *(Ajuga)*, Gräser.
Bewährte Arten und Sorten:

- *S. subulata*, 2 cm, weiße Blüten, dunkelgrüne Teppiche; 'Aurea', wie die Art, aber mit gelblicher Blattfarbe, lockeres Polster bildend.

Seifenkraut
Saponaria

✿ 4–6 ⬆ 10 cm ○ **K**+

Wuchs: Niedere, mehr oder weniger dichte Polster.
Blatt: Gegenständige längliche bis nadelförmige Blättchen.
Blüte: Deutlich fünfteilige Blüten in Rosa, selten Gelb oder Weiß. Bei einigen Arten sind die Blüten ringförmig um das Polster angeordnet.
Standort: Felsspalten oder Geröll in voller Sonne, auf Kalk.
Pflege: Abgeblühte Stängel lassen sich nach einiger Zeit einfach abziehen.
Verwendung: Schöne, leuchtende Polster für den Steingarten und die Trockenmauer. Die kompakten Arten auch gut in Trögen.
Pflanzennachbarn: Enziane, Nelken, Primeln, Edelweiß, Glockenbumen.

Saponaria 'Bressingham Pink'

Bewährte Arten und Sorten:
- *S.* 'Bressingham Pink', 3 cm, kräftig rosa.
- *S. ocymoides*, 10 cm, rosa, größere Polster. 'Snow Tip', weiß, sonst wie die Art. 'Rubra Compacta', 10 cm, magentarot, kompakt, die schönste Sorte, selten echt im Handel.
- *S.* × *olivana*, 5 cm, rosa, großblumig, Blütenkränze um die Polster, Kalkfels, problemlos.

Steinbrech
Saxifraga

✿ 2–6 ⬆ 2–20 cm ○–● K+/–

Mit ca. 400 Arten und vielen hundert Sorten wohl die reichhaltigste Pflanzengattung für den Steingarten.

Wuchs: Meist dichte Polster oder flache Matten bildende Stauden.

Blatt: Kalkbekrustete schmale Blätter in dichten Rosetten oder gefingerte Blättchen in moosartigen Polstern. Einige Arten dichte Rosettenteppiche bildend.

Blüte: Kleinere Einzelblüten an wenig- oder vielblütigen Rispen oder Dolden. Weiß, rosa, gelb, violett oder rot-weiß blühend.

Standort: In Felsspalten, sonnig bis absonnig oder in feuchtem Schutt.

Pflege: Die nach der Blüte absterbende Rosette kann mit einem vorsichtigen Ruck zusammen mit der abgeblühten Blütenrispe entfernt werden.

Verwendung: Je nach den Bedürfnissen der einzelnen Arten in absonnigen bis sonnigen Spalten, Geröllflächen und Trockenmauern. Alle auch gut für Tröge.

Pflanzennachbarn: Enziane, Glockenblumen, Hauswurz, Nelken.

Bewährte Arten und Sorten:
Krustige Steinbreche – eher für sonnige Pflanzplätze, alle mit deutlicher Kalkkruste. Blütezeit 5–6:
- *S. callosa*, 25 cm, weiß, schmale, einige Unterarten und Sorten.
- *S. cotyledon*, 35 cm, weiß, wenig bekrustet, großblättrig, Urgestein.
- *S. longifolia*, 40 cm, weiß, sehr große Einzelrosette, stirbt nach der Blüte ab.
- *S. paniculata*, 20 cm, weiß, weit verbreitete, vielgestaltige Art.
- *S. p.* var. *minutifolia*, 8 cm, weiß, kleine Rosetten, sehr schon in Trögen.
- *S.* × 'Southside Seedling', 30 cm, rot/weiß, zweifarbige Blütchen über schöner Rosette.

Saxifraga cotyledon im Urgestein

Vorfrühlings-(Kabschia-)Steinbreche – kleine, kalkbekrustete Polster für absonnige Plätze, alle sehr schön. Blütezeit 2–5:
- *S.* × *anglica*, 'Beatrix Stanley', 3 cm, rosa, großblumig; 'Cranborne', 3 cm, lilarosa, reichblühend; 'Grace Farewell', 3 cm, leuchtend purpurrot.

Saxifraga × *irvingii*, eine der vielen Kabschia-Züchtungen.

Saxifraga × arendsii 'Ruth McConnel', eine der zahlreichen kleinwüchsigen Moossteinbrech-Sorten.

- *S. × apiculata*, gute Anfängersorten: 'Alba', 5 cm, weiß; 'Gregor Mendel', 5 cm, sattgelb.
- *S. × boidyii* 'Faldonside', 5 cm, hellgelb, dankbar.
- *S. burseriana* 'Grandiflora', 5 cm, weiß, rote Stiele.
- *S. × elisabethae*, alle gutwüchsig: 'Boston Spa', gelb, 5 cm; 'Carmen', 5 cm, gelb, grünes Polster, verträgt sonnigeren Platz, für Anfänger geeignet.
- *S. × megaseaeflora*, sehr großblumige Sorten: 'Jupiter', hellbeige, 5 cm; 'Karel Capek', 5 cm, rosa, großblumig.

Moos-Steinbreche – für eher feuchte, halbschattige bis schattige Plätze: Blütezeit 4–5:

- *S. × arendsii*, Moossteinbrech, moosartige Rosettenpolster, hier nur kleine Sorten für Tröge: 'Peter Pan', 5 cm, karminrot, dichtes Polster; 'Pixie', 5 cm, rosa; 'Weiße Pixie', weiß; 'Rosenzwerg', 5 cm, rot, großblumig; 'Schneezwerg', 5 cm, weiß, großblumig.
- *S. hypnoides* 'Egemmulosa', 10 cm, weiß, zierlicher Moosteppich, Laub färbt im Winter rot, schöner Bodendecker im Halbschatten.

Fetthenne
Sedum

✿ 5–8 ⬆ 3–15 cm ☼–○
K+/–

Wuchs: Stauden mit flachen Blattrosetten oder aufliegenden Trieben.

Blatt: Dickfleischige Speicherblätter, grau, grün oder rot gefärbt, gezähnt, gekerbt oder ganzrandig.

Blüte: Einzelne Blütensternchen in dichten, schirmartigen Blütenständen.

Standort: Alle in voller Sonne, in trockenem Geröll oder in trockenen Spalten bei guter Drainage.

Pflege: Problemlos. Abgeblühte Blütenstände entfernen. Einige benötigen Nässeschutz. Gelegentlich Probleme mit Dickmaulrüsslern.

Verwendung: Für trockenwarme Pflanzstellen, auch in sonnigen Mauern. Die kleineren auch schön in Trögen. Manche sind gute Bodendecker in der Sonne.

Pflanzennachbarn: Hauswurz, Nelken, Freilandkakteen, Sonnenröschen.

Bewährte Arten und Sorten:

- *S. acre*, 3 cm, gelb, kann zum Unkraut werden.
- *S. album*, 10 cm, weiß, walzenartige, rötliche Blättchen.
- *S. ewersii*, 10 cm, rosa, Blätter sterben im Winter ab.
- *S. floriferum* 'Weihenstephaner Gold', 10 cm, gelb, Bodendecker für große Flächen.

Sedum spathulifolium

- *S. hybridum* 'Immergrünchen', 10 cm, gelb, guter Bodendecker, auch im Halbschatten.
- *S. spathulifolium*, 5 cm, gelb, rotläufige, dichte Rosettenpolster; 'Cape Blanco', 5 cm, gelb, dichte Rosettenpolster graugrüner Blättchen.
- *S. ternatum*, 10 cm, weiß, frühblühend, rotes Herbstlaub.

Hauswurz
Sempervivum

✿ 6–7 ⬆ 5–20 cm ☼–○
K+/–

Wuchs: Flach am Boden aufliegende Rosettenpolster.
Blatt: Dickfleischige lanzettliche Blätter in dichter, sternförmiger Rosette, grün, blaugrün, rot, violett und gelblich.
Blüte: Sternförmig, schirmartiger Blütenstand mit vielzähligen Blüten in Gelb, Rosa, Rot und Weiß.
Standort: In voller Sonne, sehr trocken, in Geröll und Spalten.
Pflege: Abgeblühte Blütenstände mitsamt der absterbenden Rosette entfernen.
Verwendung: Für trockenheiße Pflanzflächen, in Spalten und Mauern, auch auf Dächern und Mauerkronen.
Pflanzennachbarn: Freilandkakteen, *Sedum*, Nelken, Sonnenröschen, Zwerg-Bartiris.

Bewährte Arten und Sorten:
- *S. arachnoideum*, 5 cm, rosarot, übersponnene Zwergrosetten, schön in Trögen.
- *S. ciliosum*, 10 cm, gelb, auffällig bewimperte Kugelrosetten.
- *S. grandiflorum*, 20 cm, gelb, große Rosetten, stark harziger Geruch, auf Silikatgestein.
- *S. montanum*, 10 cm, rot, grüne Rosetten.
- *S. tectorum*, 15 cm, rot, rotblättrige Rosetten.
- *S. wulfenii*, 15 cm, gelb, wächst sehr langsam, schwierig.

S.-Hybriden: *S.* 'Baby Boo', 5 cm, reinweiß, neue Sorte von *S. arachnoideum*; 'China Doll', 10 cm, hellrosa, schöne hellgrüne Rosetten mit rotem Zentrum; 'Smaragd', 20 cm, alte Sorte, rote Rosetten mit grünen Blattspitzen. 'Jubilee', 15 cm, rötliche Rosetten, an den Blatträndern und Spitzen deutlich behaart.

Leimkraut
Silene

✿ 5–9 ⬆ 3–15 cm ○
K+/–

Wuchs: Niedrige, Polster oder Matten bildende Stauden.
Blatt: Nadelartig bis lanzettlich, in dichten Polstern oder Rosetten.

Sempervivum arachnoideum-Hybride

Blüte: Deutlich fünfzählige Blüten, aufsitzend oder an dünnen Stängeln, rosa oder weiß.
Standort: In sonnigem Feinschutt oder in Spalten, bei guter Drainage.

Silene acaulis im Kalksteinfels.

Soldanella alpina wächst in alpinen Rasen über Kalkgestein.

Pflege: Problemlos. Verblühte Stängel abschneiden.
Verwendung: Die polstrigen in Trögen, die anderen im Steingarten und in Trockenmauern.
Pflanzennachbarn: Blaukissen, Polsterphlox, Nelken, Glockenblumen.
Bewährte Arten und Sorten:
- *S. acaulis*, 2 cm, rosa, dichtes Zwergpolster; 'Alba', 2 cm, weiß, lockeres Zwergpolster. 'Floribunda', 2 cm, rosa, gut blühende Auslese von *S. acaulis*.
- *S. alpestris* 'Pleniflorum', 10 cm, weiß, dicht gefüllte Kugelblüten über grünen Matten.
- *S. schafta* 'Splendens', 15 cm, rosa, sehr wertvoll durch die späte Blütezeit 8–9.

Alpenglöckchen
Soldanella

✿ 3–4 ⬆ 5–10 cm ○–☼
K+/–

Wuchs: Aufliegende oder flach unterirdisch kriechende zierliche Rhizomstaude mit kleinen Blättchen.
Blatt: Nieren- bis herzförmige dunkelgrüne Blättchen in dichten Büscheln.
Blüte: Stark ausgefranste Blütenglöckchen an wenigblütigen Dolden, weiß, rosa, blau oder lilablau.
Standort: In Spalten, feinem Schutt und alpinen Rasen. Eher feucht, bei guter Drainage.
Pflege: Oft schwierig zu haltende Pflanzenschätze. Im Flachland bei zu schattigem Standort blühfaul.
Verwendung: In Spalten und feinem Geröll, zwischen anderen Zwergpolstern. Nicht zu trocken, in der vollen Sonne eher feucht.
Pflanzennachbarn: Glockenblumen, *Alyssum*, Steinbrech.
Bewährte Arten und Sorten:
- *S. alpina*, 10 cm, lilablau, sonnig, feucht.
- *S. carpatica*, 15 cm, violett, wächst gut.
- *S. minima*, 10 cm, rosa, schwierig.
- *S. montana*, 15 cm, violett, wächst gut im Urgestein.

Thymus serphyllum 'Coccineus'

Thymian
Thymus

✿ 5–7 ⬆ 5 cm ☼–○ **K+**

Wuchs: Flach aufliegende, oft große Teppiche bildende Halbsträucher.
Blatt: Ovale bis nadelartige, behaarte und aromatische Blättchen.
Blüte: Kleine Lippenblüten in dichten Trauben über dem Laub, rot, rosa, violett und weiß.
Standort: Alpine Matten und feiner Schutt in voller Sonne.
Pflege: Zu groß werdende Teppiche einfach abschneiden.
Verwendung: Nicht zu trockene Plätze im Steingarten, in feinem Geröll und in Spalten. Nur die kleinwüchsigen für Tröge. Alle bei guter Drainage.
Pflanzennachbarn: Zwiebelblumen, Igelpolster, Nelken, Hauswurz.
Bewährte Arten und Sorten:
- *T. × citriodorus* 'Aureus', 20 cm, rosa, buschiger Wuchs; 'Golden Dwarf', 10 cm, sonst wie vorige.
- *T. doerfleri*, 3 cm, rosa, nadelartige Blättchen.
- *T. praecox* 'Elfin', 2 cm, kleines Zwergpolster, wächst sehr langsam.
- *T. serpyllum* 'Album', 2 cm, weiß, Matten bildend. 'Coccineus', 2 cm, scharlachrot.

Ehrenpreis
Veronica

✿ 5–7 ⬆ 2–15 cm **K+/–**

Wuchs: Flach aufliegende Teppiche oder niedere buschige Stauden, alle sehr schön.
Blatt: Ovale bis nadelförmige ganzrandige oder gebuchtete Blättchen, bei einigen Arten stark behaart.
Blüte: Vierteilige Blüten mit deutlich hervorstehenden Staubgefäßen, in dichten Trauben oder schlanken Rispen.
Standort: Alpine Matten, Geröllfelder oder Spalten, in voller Sonne, eher trocken.
Pflege: Einige Arten benötigen Nässeschutz im Winter. Die starkwüchsigen werden im zeitigen Frühjahr zurückgeschnitten.
Verwendung: Die starkwüchsigen sind schöne Bodendecker zwischen Polsterstauden und auch gut in Mauern. Die kleinwüchsigen eignen sich vor allem als Trog- und Spaltenpflanzen.
Pflanzennachbarn: Nelken, Glockenblumen, Sonnenröschen, *Saxifraga*, Blumenzwiebel.
Bewährte Arten und Sorten:
- *V. aphylla*, 5 cm, blau, zierlich, für Tröge.
- *V. armena*, 15 cm, blau, Nadelblättchen, 'Rosea', rosa.
- *V. caespitosa*, 2 cm, hellblau, stark behaartes Zwergpolster für Tröge, Winterschutz.
- *V. fruticans*, 10 cm, blau mit weißem Auge.
- *V. fruticulosa*, 10 cm, rosa.
- *V. peduncularis* 'Georgia Blue', 15 cm, blau, buschiger Wuchs.
- *V. prostrata*, 10 cm, blau, weiß oder rosa, bildet große Teppiche. 'Nana', 2 cm, blau, wie vorige, aber kompakter.
- *V. surculosa*, 5 cm, blau oder rosa, dicht behaart, flache Teppiche.

Veronica caespitosa ist ideal für Tröge.

Gräser für den Steingarten

Deutscher Name (Botanischer Name)	Symbole	Wuchs	Standort	Bemerkung
Moskitogras *(Bouteloua gracilis)*	7–8, 30 cm, ○, **K**–	graugrüne Blattbüschel mit waagrecht abstehenden Ähren	sonnig, trocken, Geröll und Spalten	auffälliger Blütenstand
Monte-Baldo-Segge *(Carex baldensis)*	6–7, 20 cm, ○, **K**+	dunkelgrüne Blattbüschel mit schneeweißem Blütenstand	Kalkgeröll und Spalten, sonnig, nicht zu trocken	auffällig und sehr schön, auch in Trögen
Fuchsrote Segge *(Carex buchananii)*	5–7, 40 cm, ○, **K**–	dichte Horste mit dünnen, braunroten, aufrechten Halmen	sonnig, nicht zu trocken, Geröll und Spalten, Urgestein	Nässeschutz im Winter, auch schön in Trögen
Bergsegge *(Carex montana)*	3–4, 10 cm, ○, **K**+	dichte Blatthorste mit schlanken, hellgrünen Blättern	Kalkgeröll und Spalten, sonnig, nicht zu trocken	zierliches Gras mit früher Blüte, auch in Trögen
Blauschwingel *(Festuca cinerea)*	6–7, 20 cm, ○, **K**+	dichte Horste mit sehr dünnen, graublauen Blätterbüscheln	sonnig, trocken, Geröll und Spalten	besonders klein: 'Eisvogel' und 'Silbersee', für Tröge: 'Zwergenkönig'
Bärenfellgras *(Festuca gautieri)*	6–7, 10 cm, ○, **K**+	dichthorstiges, mattenbildendes Gras mit sattgrünen Blättchen	sonnig, trocken, Geröll und Spalten	besonders kompakt ist 'Pic Carlit', auch gut für Tröge
Schwingel *(Festuca vivipara)*	5–6, 10 cm, ○, **K**+	zierliches Gras, anstatt Blüten bilden sich junge Pflänzchen	sonnig, trocken, Geröll und Spalten	auffälliges Gras, auch für Tröge
Zwergmarbel *(Luzula ulophylla)*	5–6, 10 cm, ○, **K**–	zierliches Gras mit seitlich behaarten, braungrünen Blättchen	sonnig, nicht zu trocken, Geröll und Spalten, Urgestein	schönes, zierliches Gras, auch gut für Tröge Winterschutz

Laubgehölze für den Steingarten

Deutscher Name (Botanischer Name)	Höhe in 10 Jahren	Wuchs	Standort	Bemerkung
Japanischer Zwergahorn *(Acer palmatum* 'Sekka yatsubusa')	150 cm	dicht buschiger Wuchs mit kleinen Blättchen	sonnig, nicht zu trocken	grüne Blättchen mit rotem Rand, sehr schön
Zwerg-Felsenbirne *(Amelanchier ovata* 'Nanum')	30 cm	dichter Wuchs, rundliches Laub, weißblühend	sonnig, nicht zu trocken	sehr schöne Herbstfärbung, auch für Tröge
Zwergbuchs *(Buxus sinica* 'Cushion')	50 cm	kompakter Wuchs, immergrün	sonnig bis absonnig	wächst sehr langsam, auch für Tröge
Rosmarinseidelbast *(Daphne cneorum)*	30 cm	kompakter Wuchs, rosa Blütchen im Frühjahr	sonnig bis absonnig	auch für Tröge sehr schön, empfindlich,
Kissenrhododendron *(Rhododendron impeditum)*	30 cm	dicht verzweigter Zwergstrauch, lila Blüten im April	sonnig bis absonnig, nicht zu trocken	viele Sorten, alle sehr schön, auch für Tröge

Fortsetzung Laubgehölze für den Steingarten

Zwergrhododendron *(Rhododendron repens)*	35 cm	dicht verzweigter Zwergstrauch, große, rote Blüten im April	absonnig, nicht zu trocken	viele Sorten, alle sehr schön, auch für Tröge
Zwergweide *(Salix boydii)*	40 cm	Zwergstrauch, mit graugrünen Blättchen	sonnig, nicht zu trocken	langsam wachsend, auch für Tröge
Felsweide *(Salix serpillifolia)*	2 cm	Rasen bildender Zwerg	sonnig, nicht zu trocken	sehr schön für Tröge, zierlich
Zwergulme *(Ulmus elegantissima* 'Jaqueline Hillier')	150 cm	kleinblättriger, malerischer Zwergbaum	sonnig, nicht zu trocken	sehr schön, auch für große Tröge

Nadelgehölze für den Steingarten

Deutscher Name (Botanischer Name)	Höhe in 10 Jahren	Wuchs	Standort	Bemerkung
Zwerg-Balsamtanne *(Abies balsamea* 'Nana')	30 cm	niedrige, kissenartige Zwergform	sonnig bis absonnig, nicht zu trocken	sehr schön auch in Trögen
Zwerg-Muschelzypresse *(Chamaecyparis obtusa* 'Nana Gracilis')	30 cm	glänzend grüne, muschelförmige Zweige	sonnig bis absonnig, nicht zu trocken	sehr schön, auch für größere Tröge
Zwerg-Säulenwacholder *(Juniperus communis* 'Compressa')	40 cm	blaugraue Zwergsäulenform	sonnig, eher trocken	langsam wachsende Form, sehr schön in Trögen
Zwerg-Blauzederwacholder *(Juniperus squamata* 'Blue Star')	40 cm	stahlblauer, dichter, Zwergwuchs	sonnig, eher trocken	langsam wachsende Form, sehr schön in Trögen
Zwerglärche *(Larix leptolepis* 'Wolterdingen')	50 cm	kompakte Zwergform mit dichtem Wuchs	sonnig bis absonnig, nicht zu trocken	Nadeln werden im Herbst abgeworfen, schön in größeren Trögen
Igelfichte *(Picea abies* 'Echiniformis')	30 cm	dichte, kissenförmige Zwergform	sonnig, eher trocken	sehr langsam wachsend, auch schön in Trögen
Zwerg-Schlangenhautkiefer *(Pinus leucodermis* 'Schmidtii')	25 cm	sehr dichte Kugelform	sonnig, eher trocken	sehr schöne, langsam wachsende Zwergkiefer, auch für Tröge
Zwerg-Latschenkiefer *(Pinus mugo* 'Mops')	50 cm	sehr dichte Zwergform, lange Nadeln	sonnig, eher trocken	sehr schöne, langsam wachsende Zwergkiefer
Zwerg-Hakenkiefer *(Pinus uncinata* 'Paradekissen')	10 cm	sehr dichte Zwergform, flacher Wuchs	sonnig, eher trocken	sehr langsam wachsende Zwergkiefer, sehr schön in Trögen
Säuleneibe *(Taxus baccata* 'Fastigiata')	150 cm	straff aufrecht wachsende, schlanke Säule	sonnig bis absonnig, nicht zu trocken	für den größeren Steingarten, sehr schön, rote Beeren
Zwerg-Hemlocktanne *(Tsuga canadensis* 'Nana')	40 cm	dichte Zwergform	sonnig bis absonnig,	langsam wachsende Form, sehr schön in Trögen

Pflanzenpflege im Steingarten

Für den von der »Alpinitis« befallenen Gärtner stellen die nötigen Pflegearbeiten kein Problem dar. Da er sich ohnehin häufiger zwischen seinen Pflanzenschätzen aufhält, sind die meisten Arbeiten schnell nebenbei erledigt. Der Einbau einer Bewässerung spart weitere Zeit ein, die wir anderweitig nützen können.

Frostschutzvliese (hier als Winterschutz) lassen sich auch als Sonnenschutz nach einer Neupflanzung verwenden.

Ähnlich dem Kundendienst an unserem Auto sollte auch die Pflege im Steingarten einem regelmäßigen Turnus unterliegen. Es gibt eine ganze Reihe wichtiger Arbeiten, die in relativ kurzen Zeitabständen notwendig sind, z. B. Unkrautbekämpfung und Schädlingskontrolle. Andere Arbeiten wie Bodenlockerung oder mit Steinmaterial Abmulchen können in wesentlich größeren Zeitabständen, vielleicht einmal jährlich erfolgen. Mit zunehmendem Alter unserer Steinanlage verändern sich auch die Prioritäten der Pflegearbeiten.

Starthilfe

In den ersten Wochen nach der Neuanlage ist es wichtig, den Pflanzen ein leichtes Eingewöhnen und Anwachsen zu ermöglichen. Der dafür notwendige Aufwand richtet sich nicht zuletzt nach den Ansprüchen der einzelnen Pflanzen. Während der Steingartenneuling sich eher um Blaukissen *(Aubretia)*, Alpenaurikel *(Primula auricula)* und Steinkraut *(Alyssum montanum)* müht, wird der erfahrene Alpinumgärtner sein Können und sein Knowhow an den anspruchsvolleren Arten der gleichen Gattungen, wie dem Blaukissen *(Aubretia gracilis)*, der Klebrigen Primel *(Primula latifolia)* und dem zwergigen Steinkraut *(Alyssum caespitosa)*, messen.
Ob schwierig oder einfach zu pflegen, alle Pflanzen freuen sich in der Anwachsphase über Schutz vor zu starker Sonne und zu hoher Verdunstung. Bei großer Sommerhitze leistet ein **Frostschutzvlies,** welches wir im Frühjahr auch gut im Gemüsegarten einsetzen können, dafür gute Dienste. Unter Umständen reicht es schon aus, das Vlies nur während der heißen Mittagsstunden aufzulegen. Bei windigem Wetter vermeiden wir übermäßiges Schlagen und Flattern, indem wir es mit einigen Steine beschweren. Da sich diese Vliese auch gut zum Schutz vor Kahlfrost eignen, ist zu überlegen, ob wir die einzelnen Bahnen nicht gleich passend zuschneiden und an den Rändern mit stabilen Ösen versehen. Mit ein paar Heringen aus dem Campinggeschäft sind die Vliese dann schnell absolut sicher befestigt. Bei druckempfindlichen Gewächsen ist es ratsam, Weidenruten oder Federstahlstäbe kreuzweise wie Zeltstützen darüber zu stellen. Bei normal temperiertem Frühlings- bzw. Frühsommer- oder Herbstwetter ist eine Vliesauflage in der Regel überflüssig. Schäden an den Wurzeln lassen sich beim Pflanzen in den klei-

◀ Schonendes Pflanzen in die Trockenmauerfugen erfordert Sorgfalt und Geduld.

nen, oft sehr verwinkelten Pflanzlöchern trotz aller Vorsicht nur selten vermeiden. Wir können die Belastung für die Pflanzen aber in Grenzen halten, wenn wir abends und früh morgens die ganze Anlage mit einem feinen Wasserstrahl übersprühen, um die Luftfeuchtigkeit zu erhöhen. Häufigeres Gießen sorgt für ausreichende Wasserversorgung der geschwächten Pflanzen. Je nach Witterungsverlauf können wir nach ein bis zwei Wochen feststellen, dass unsere Steingartenpflanzen »anziehen«. Die Blätter straffen sich und bekommen eine frische Farbe, vereinzelt bilden sich schon neue Blätter, Triebe und Blüten; die schwierige Eingewöhnungsphase ist überstanden. Schatten geben wir nun nur noch bei extremer Hitze, und die zusätzlichen Wassergaben reduzieren wir, um sie nach ein paar Tagen einzustellen. Bewässert wird nur noch bei normalem Bedarf.

Die Springkresse ist ein wohlschmeckendes, aber lästiges Samenunkraut.

Erhaltungspflege

Grundsätzlich halten wir den Steingarten eher trockener als ein normales Stauden- oder Blumenbeet. Im Hochsommer reicht es meist aus, wenn ein- bis zweimal pro Woche gegossen wird.

Unkrautbekämpfung

Den größten Teil der Pflegearbeiten macht Unkrautjäten aus. Zu Beginn richten wir besonderes Augenmerk auf die frisch gesetzten Pflanzen. Häufig befinden sich in den Blattbüscheln Unkräuter, die wir aus der Staudengärtnerei oder von einem netten Nachbarn umsonst mitbekommen haben. Besonders der tief und schnell wurzelnde Löwenzahn muss unbedingt sofort entfernt werden. Ausgesprochen lästig, wenn auch nicht gefährlich ist die **Springkresse** *(Cardamine hirsuta)* ein eigentlich zierliches Pflänzchen, das mit seinem Kressegeschmack im nicht blühenden Zustand sogar hervorragend als Zugabe zu verschiedenen Blattsalaten unseren Speisezettel bereichern kann. Da ihre Früchte bereits bei der kleinsten Berührung explodieren und die Samenkörner in weitem Umkreis verteilen, muss es unbedingt vor der Blüte konsequent entfernt werden. Unangenehmer sind die Grasbüschel des Einjährigen Rispengrases *(Poa annua)*. Sie bilden ein dichtes Wurzelgeflecht aus, das nach einiger Zeit nur noch mit grober Gewalt entfernt werden kann.

Samenunkräuter entwickeln sich besonders auf offenen Bodenflächen. Eine Mulchschicht aus Gesteinssplitt ist im Steingarten die passende Abwehrmaßnahme. Selbstverständlich verwenden wir zum Mulchen das gleiche Gestein wie zum Aufbau unseres Gebirges. Besonders natürlich wirkt der »Steinmulch«, wenn unterschiedliche Korngrößen, von feinem Splitt bis zu grobem Schotter, verteilt werden. Trotz aller Vorsicht während des Aufbaus können im neu angelegten Steingarten auch **Wurzelunkräuter** auftauchen. Falls es sich nur um kleine Wurzelstücke

handelt, werden sie sofort und sehr sorgfältig entfernt. Sitzen sie aber sehr fest und haben sich aus tieferen Schichten wieder nach oben gearbeitet, lässt man sie zunächst in Ruhe, bis sie sich zu einer Größe von ca. 25 cm entwickelt haben. Jetzt steht genügend Blattmasse zur Verfügung, um mit einem der bereits erwähnten Glyphosat-Herbizide aussichtsreich zu bekämpfen.
Dazu mischen wir uns eine hoch konzentrierte Streichlösung aus 1/3 Herbizid und 2/3 Wasser. Ausgestattet mit Gummihandschuhen, tragen wir diese auch für unsere Steingartenpflanzen tödliche Lösung äußerst sorgfältig auf die Blätter der Unkräuter auf. In der Regel genügen bereits ein paar Tropfen pro Pflanze. Nun müssen wir nur noch das Absterben der Unkräuter abwarten, bevor wir sie aus dem Boden entfernen.

Mit Hilfe kleiner Sprühköpfe (oben), die auf einem PE-Rohr montiert sind, wird hier eine Trockenmauer automatisch bewässert.

Bewässerung

Einfacher gestaltet sich der Einbau einer **automatischen Bewässerung** in den Steingarten. Verschiedene Hersteller bieten kleine Sprühköpfe an, die auf ein durchgehendes PE-Rohr gesteckt werden. Auch die Wasserversorgung über einzelne Tropfer ist möglich. Die erforderlichen Zuleitungen müssen jedoch vorab verlegt und deshalb bei der Planung berücksichtigt werden. Die Anzahl der notwendigen Wasserverteiler richtet sich nach der Größe der Gesamtanlage und der Bewässerungsintensität. Lassen Sie sich im Fachhandel beraten. Stark behaarte Pflanzen reagieren oft empfindlich, wenn sie bei hohen Temperaturen über die Blätter beregnet werden. Hier empfiehlt sich der Einbau einer unterirdischen Bewässerung mit einem Schwitzschlauch.

Düngung

Wie alle anderen Gartenpflanzen bedürfen natürlich auch unsere Gebirgspflanzen einer aus-

Bei meinen Pflanzen hat sich eine Flüssigdüngung mit einem stickstoffarmen, spurenelementhaltigen Volldünger bewährt. In der Wachstums- und Blütezeit, also von April bis Juli, kann er alle 14 Tage mit 2 ‰ Verdünnung, also 2 Gramm bzw. 2 ml auf 1 Liter Wasser, gegeben werden.

Pflanzen in Trockenmauerfugen, wie dieses *Geranium dalmaticum*, sind dankbar für eine Blattdüngung, da meist nur wenig Düngerlösung in die Spalten gelangt.

reichenden Ernährung, um uns mit gesundem Wachstum und reichem Blütenflor zu erfreuen. Der zwergige Wuchs der meisten Hochgebirgspflanzen lässt allerdings bereits vermuten, dass sie mit sehr wenig Nährstoffen auskommen.
Hochwertige Flüssigdünger halten Harnstoff als eine Stickstoffform, die über die Blätter aufgenommen werden kann. Idealerweise düngen wir deshalb in der Abenddämmerung, da die Blätter dann länger feucht bleiben und die Nährstoffe gut aufgenommen werden können. Selbstverständlich können wir auch alle noch in der Anzucht und in Töpfen befindlichen Pflanzen sowie alle Tröge, Schalen und Kästen genauso behandeln. Anfang September düngen wir nur noch einmal, um die neuen Treibe ausreifen zu lassen und damit eine ausreichende Winterhärte zu gewähren. Eine Flüssigdüngung mit organischen Düngemitteln ist nicht einfach, da z. Zt. keine Düngemittel mit passender Zusammensetzung angeboten werden. Zum Ausstreuen eignen sich aber organische Düngemittel mit geringerem Stickstoffgehalt wie Hornoska Spezial oder Guano, die wir Anfang April und Anfang Juni mit einem Drittel der für die Rasendüngung empfohlenen Menge bei trockener Witterung ausbringen. Um Blattverbrennungen zu vermeiden, werden alle gedüngten Pflanzen anschließend gründlich abgebraust. Rasendünger enthalten zu viel Stickstoff und sind ungeeignet.

Rückschnitt

Besonders der Steingartenneuling wird anfänglich Pflanzen auswählen, die relativ pflegeleicht sind und über große Vitalität verfügen. Nach einiger Zeit werden die kräftigeren die schwächeren überwuchern und verdrängen. Andererseits wünscht gerade der Einsteiger eine gute Pflanzenentwicklung und große Vielfalt im Steingarten. Konsequenter Rückschnitt der übermächtigen Pflanzen ist aber absolutes Muss, denn nur so kann über viele Jahre hinweg ein abwechslungsreiches Bild erhalten werden.

Wann zurückschneiden?

Bei Polsterstauden wie Blaukissen, Gänsekresse und Steinkraut erfolgt der Rückschnitt auf die gewünschte Größe nach der Blüte im Mai/Juni. Die Polster haben dann im Sommer Zeit, neue Triebe und Knospen für das kommende Jahr auszubilden. Sommerblühende Arten wie Nelken, Glockenblumen und

Starkwüchsige Polster wie *Arabis caucasica* werden nach der Blüte zurückgeschnitten.

Leimkraut werden ebenfalls nach der Blüte im Sommer oder im zeitigen Frühjahr, März bis Anfang April, zurückgeschnitten.

Wie zurückschneiden?
Bei den Polsterstauden gehen wir relativ grob vor. Während die eine Hand die Polster greift, schneiden wir mit der anderen mit einer scharfen Gartenschere die üppigen Pflanzenteile bis zur Hälfte oder noch weiter zurück. Auch bei den Matten bildenden Stauden wie der Silberwurz *(Dryas octopetala)* werden die zu groß geratenen Triebe einfach gekürzt. Steingartenpflanzen, die im Winter einziehen und deren oberirdische Pflanzenteile im Herbst sowieso absterben, wie z. B. der Herbstenzian, müssen wir mit wesentlich mehr Rücksicht behandeln. Sie werden sich allerdings auch nur in Ausnahmefällen so kräftig ausbreiten, dass sie andere Pflanzen bedrängen. Da sie sich in jedem Jahr von ihrem Wurzelstock aus neu entwickeln, werden bei einem Rückschnitt auch immer ihre Blütenanlagen abgeschnitten. Bei diesen Pflanzen ist es folglich besser, sie auszustechen und nach vorsichtigem Teilen wieder einzupflanzen. Selbstverständlich entfernen wir bei allen Pflanzen die abgeblühten Triebe, um unkontrollierte Samenverbreitung zu verhindern. Zurückgefrorene Gräser werden im März abgeschnitten bzw. die Horste mit den Fingern durchgekämmt, um die abgestorbenen Blätter zu entfernen.

Die Neutriebe der Kiefern werden im Sommer eingekürzt.

Laub- und Nadelgehölze
Leider stehen für Steingarten und Alpinum nur wenige kleinwüchsige Laubgehölze zur Verfügung. Wenn überhaupt, werden auch sie im zeitigen Frühjahr oder nach der Blüte (Zwergflieder) im Abstand von mehreren Jahren zurückgeschnitten. Eiben können während des ganzen Jahres geschnitten werden. Sie sind gut schnittverträglich und kommen auch mit tieferen Rückschnitten sehr gut zurecht. Die anderen Nadelgehölze benötigen regelmäßigen Schnitt. Kiefern werden alljährlich im Frühsommer geschnitten, indem der junge Jahrestrieb eingekürzt wird. Am besten knipsen wir den Trieb mit dem Daumennagel vorsichtig zwischen den jungen Nadeln heraus. Zwergfichten und Zwergtannen, Zypressen und Wacholder werden ähnlich behandelt. Da sich die Gehölze bei richtiger Sortenwahl nur langsam entwickeln, müssen wir mit dem vorsichtigen Rückschnitt erst nach einigen Jahren beginnen.

Winterschutz

An ihren natürlichen Standorten verbringen unsere Pflanzenschätze den Winter relativ trocken unter einer meterhohen Schneedecke, die oft von Okto-

Häufig wird als Winterschutz eine Auflage aus Tannen- oder Fichtenreisig empfohlen. Davon möchte ich dringend abraten. Da es darunter sehr dunkel ist, strecken sich die Triebe der schutzbedürftigen Pflanzen bereits bei Temperaturen um 0 °C auf der Suche nach Licht.

Eine an einem Stahlfuß befestigte Plexiglasplatte schützt zuverlässig vor gefährlicher Winternässe.

ber bis Mai liegen bleibt. Während eines verregneten mitteleuropäischen »Normalwinters« leiden viele deshalb stark unter übermäßiger Nässe. Als einen einfachen, aber sehr wirkungsvollen Schutz können wir Glas- oder Plexiglasscheiben so auf einige die Pflanze umgebende Steine legen, dass sie die Triebe nicht berühren, aber trotzdem ausreichend vor Regen schützen. Natürlich muss genügend Luftzirkulation gewährleistet sein. Wenn wir es nicht vergessen, können die Scheiben bei Schneefall abgenommen und anschließend wieder über die verschneiten Pflanzen gebracht werden.

Bei starken Kahlfrösten unter –7 °C schützt ein Frostschutzvlies vor der Kälte und der gefährlichen morgendlichen Sonneneinstrahlung auf die steif gefrorenen Pflanzenteile. Seine Isolierwirkung ist mit der einer dünnen Schneedecke gleichzusetzen.

Obwohl Vliese lichtdurchlässig sind, sollten sie bei steigenden Temperaturen entfernt werden. So ist es schon einmal möglich, dass während eines Winters die Frostschutzabdeckung mehrmals ein- und ausgepackt werden muss. Die Nässeschutzabdeckungen bleiben auch unter dem Frostschutzvlies über den Pflanzen. Leider fühlen sich auch Mäuse unter Frostschutzvliesen sehr wohl, so dass es ratsam ist, mit Nougatcreme bestückte Fallen aufzustellen. Leichtere Schalen, Balkonkästen und Tröge können wir an einem regensicheren Platz überwintern. Schwere Gefäße bleiben stehen und werden ebenfalls mit Glasscheiben und Vlies geschützt.

Die eigene Anzucht

Wenn man sich intensiver mit dem Steingarten bzw. Alpinum beschäftigt, möchte man natürlich auch selbst Pflanzen dafür heranziehen. Wir Gärtner unterscheiden dabei zwei verschiedene Wege: die generative und die vegetative Methode.

Anzucht aus Samen

Die generative Anzucht aus Samen ist vor allem für Wildarten und sortenrein fallende, d. h. reinerbige Sorten geeignet. Samen erhält man im Fachhandel und über die Samentauschaktionen der verschiedenen Pflanzenliebhaber-Gesellschaften. Die Gesellschaft der Staudenfreunde verschickt im Spätherbst eine reich bestückte Samenliste an ihre Mitglieder. Selbstverständlich können wir auch im eigenen Garten Samen selbst ernten. Da die Fruchtkapseln einiger Pflanzenarten bereits bei der kleinsten Berührung explodieren und ihre Samen verteilen (Veilchen, Storchschnabel-Arten), stülpen

Übergestülpte Teefilterbeutel verhindern, dass Ameisen die Cyclamensamen verschleppen können.

Gröbere Samen werden nach der Aussaat mit feinem Splitt oder Lavagrus abgedeckt (links). Feinere Aussaaten deckt man nicht ab, sondern packt die Töpfe bis zur Keimung in kleine Folienbeutel ein (rechts).

wir einen leeren Teebeutel über die Samenkapseln, den wir mit einem Drahtring befestigen.

Die Aussaat

Die meisten Gebirgspflanzen sind so genannte **Kaltkeimer.** Um die in den Samenkörnern enthaltenen keimhemmenden Stoffe abzubauen, benötigen sie nach der Aussaat für einige Wochen Temperaturen um 0 °C. Der ideale Saattermin liegt deshalb zwischen Oktober und Februar. Als Aussaaterde verwenden wir eine im Fachgeschäft erhältliche gute Aussaat- oder Pikiererde. Wie bei der Steingartenerde müssen wir auch die Vermehrungserde abmagern, entweder mit grobem Sand oder feinem Lava-Glatteis-Streugranulat. Auch ein Gemisch aus Vermiculit (Handelsbezeichnung: Agroverm) und grobem Sand hat sich bewährt. Als Saatgefäße sind flache Schalen mit Wasserabzugslöchern oder kleinere Töpfe geeignet.
Grobe Samenkörner werden nach der Aussaat mit Sand oder Lava abgedeckt, feine Saaten bleiben offen auf der Erde liegen. Um sie feucht zu halten, deckt man die Gefäße mit einer Glasscheibe ab, oder das ganze Gefäß wird nach dem vorsichtigen Angießen in einen dicht schließenden Gefrierbeutel gesteckt. Nach der Aussaat und dem Angießen stellen wir die Saatgefäße an einem frostfreien Tag in einen Frühbeetkasten oder an eine geschützte Stelle ins Freie. Unter Umständen müssen wir mit einer Maschendrahtauflage vor Mäusefraß schützen.
Während der Keimzeit halten wir die Aussaaten mäßig feucht und bei kräftiger Sonne leicht schattiert. Die Aussaaten werden mit einem Vlies vor zu großer Kälte geschützt. Auch wenn ausreichend tiefe Temperaturen einwirken können, kann es ein bis drei Jahre dauern, bis schwer keimende überliegende Samen (Christrosen, Adonisröschen usw.) aufgehen. Viele Samen keimen aber bereits in der ersten Frühlingssonne, so dass bald mit dem Pikieren begonnen werden kann. Als Erde verwenden wir unser Aussaatgemisch. Die kleinen Pflänzchen entwickeln sich schneller, wenn wir sie zu mehreren in kleinen Tuffs pikieren. Schon nach einigen Wochen kann dann meist getopft oder ausgepflanzt werden.

Vermehrung durch Stecklinge oder Teilung

Die meisten im Handel befindlichen Sorten und Auslesen müssen vegetativ, d. h. mit Stecklingen oder durch Teilung vermehrt werden. Die beste Zeit dafür ist entweder im Frühling, bevor die Pflanzen Blütenknospen bilden,

Um später beim Auspflanzen kleinere Wurzelballen zu haben, sollten wir nicht zu große Töpfe verwenden. Ideal sind Rechtecktöpfe mit 7 x 7 cm oder 8 x 8 cm.

oder unmittelbar nach der Blüte. Normale Triebstecklinge schneiden wir mit einem scharfen Stecklingsmesser, das jeder Gärtner besitzen sollte, auf 2–3 voll entwickelte Blattpaare zurecht. Besonders gut geeignet ist diese Methode bei Polsternelken, Polsterphlox, Zwergseidelbast, Blaukissen und vielen anderen kissenförmig wachsenden Steingartenpflanzen. Etwas komplizierter ist das Schneiden von Rosettenstecklingen bei Polsterpflanzen. Steinbrech, Hungerblümchen und andere kleinpolstrige Pflanzen werden auf diesem Wege vermehrt. Dazu werden ganze Rosetten von den Polstern abgeschnitten, alte, abgestorbene Blätter werden entfernt, und anschließend werden die ganzen Rosetten gesteckt. Besonders bei den kleinen Frühlingssteinbrecharten, deren Rosetten oft nur einen Durchmesser von 1/2 cm haben, erfordert diese Arbeit viel Geduld.

Von vielen Pflanzen können Rosettenstecklinge auch im Herbst geschnitten und gesteckt werden. Sie bewurzeln dann im Laufe des Winters. Zur sicheren Überwinterung sollte man aber über ein Gewächshaus oder zumindest einen guten Frühbeetkasten verfügen. Alle Stecklinge werden mit einem Abstand von 2–3 cm in Kisten in das Vermehrungs- bzw. Aussaatsubstrat gesteckt, anschließend durchdringend angegossen und im Frühbeet oder Gewächshaus aufgestellt. In der ersten Zeit empfiehlt es sich, für erhöhte Luftfeuchtigkeit zu sorgen, indem wir die Kisten mit Folie abdecken. Gegen zu viel Sonne wird schattiert. Haben die Jungpflanzen ausreichend Wurzeln gebildet, werden sie wie die jungen Sämlinge getopft.

Die auffallend gestreifte *Phlox subulata*-Sorte 'Candy Stripes' kann nur vegetativ mit Stecklingen vermehrt werden.

Die richtige Erde

Konnten wir bei der Anzucht noch großzügig über die Bodenansprüche unserer Pfleglinge hinwegsehen, müssen wir schon zum Topfen unbedingt darauf eingehen, um bei der Kultur erfolgreich zu sein.

Für die Erdmischungen unterscheiden wir zwischen Kalk liebende und Kalk fliehende Pflanzen.

Kalk liebende Gebirgspflanzen benötigen tonige Böden mit hohem pH-Wert. Für die Topfkultur stellen wir ihnen eine Mischung aus kompostierter, unkrautfreier Rasenerde (40 %), Lehm oder Ton aus einer tieferen Baugrube (15 %), grobem norddeutsche Sodentorf (25 %) und gütegesichertem Rindenhumus (20 %) her. Um den pH-Wert anzuheben, kommen zum Schluss noch 1–1,5 kg kohlensaurer Kalk pro Kubikmeter Erdgemisch hinzu. Als Düngung haben sich 1–1,5 kg Hornspäne bewährt. Nachdem das Ganze zwei- bis dreimal durchgemischt wurde, geben wir nun noch mal ca. 1/3 bis 1/2 unseres Steinmaterials in Form von Muschelkalk-, Dolomit- oder Jurasplitt hinzu. Falls wir nicht alles sofort verarbeiten, kann die Erde kühl und dunkel gelagert werden. Ist die eigene Erdherstellung zu umständlich, können wir uns natürlich auch fertiger Erdmischungen bedienen. Für die Kalk liebenden Pflanzen ist als Ausgangsgemisch hochwertige tonhaltige Balkonpflanzenerde gut geeignet. Auch hier setzen wir wieder ca. 1/3 bis 1/2 Splitt zu. Auf eine zusätzliche Kalkgabe verzichten wir.

Kalk fliehende Pflanzen benötigen torfige Erden mit niederem pH-Wert. Um dies zu erreichen, müssen wir unserem eigenen Ausgangsgemisch wesentlich mehr Torf zusetzen. Wir mischen unkrautfreie kompostierte Rasenerde (25 %), gütegesicherten Rindenhumus (20 %) und norddeutschen Sodentorf (55 %). Als Dünger wiederum 1–1,5 kg Hornspäne zugeben. Auf Lehm und Kalk wird verzichtet. Auch hier haben wir die Möglichkeit, auf fertige Erdmischungen des Handels zurückzugreifen. Für die Kalk fliehenden Pflanzen kaufen wir Moorbeeterde. Unserer selbst hergestellten oder gekauften Grundmischung setzten wir 1/3 bis 1/2 Urgesteinssplitt, Basalt oder Diabas zu. Am einfachsten zu beschaffen ist Urgesteinssplitt bei Asphalt-Mischanlagen. Kalksteinsplitt wird in vielen Gegenden auch als Pflastersplitt eingesetzt. Es hat sich bestens bewährt, wenn nach dem Topfen eine ca. 1 cm starke Mulchschicht aus dem in der Erde eingemischten Gesteinssplitt aufgebracht wird. Die Oberfläche trocknet dann schneller ab, und die Pflanzen fühlen sich wohler. Auch zum Bepflanzen von Trögen, Schalen, Balkonkästen, Tischgärten usw. werden die oben beschriebenen Erdmischungen eingesetzt.

Die Schopfige Teufelskralle *Physoplexis comosa* gedeiht besonders gut in Kalktuff. Ihren Spitznamen »Schneckenfutter« trägt sie leider nicht umsonst.

Pflanzenschutz

Eine wichtige Voraussetzung für gutes Gelingen beim Umgang mit Steingarten- und Alpinumpflanzen ist eine standortgerechte Pflanzenauswahl, die Bodenverhältnisse, Lichtansprüche und Feuchtebedarf berücksichtigt. Trotzdem können immer wieder einmal Krankheiten und Schädlinge auftreten und unseren Pflanzen das Leben schwer machen. Eine intensive und regelmäßige Kontrolle zwischen den dichten Rosetten und auf den Blattunterseiten ist deshalb nötig.

Schnecken finden zwischen den Steinen genügend Unterschlupf. Sie stellen deshalb eine große Gefahr für unsere Steingartenpflanzen dar.

Schnecken

Besonders in den feuchteren Übergangszeiten Frühjahr und Herbst, aber auch in verregneten Sommern können Schnecken zu einer gefürchteten Plage werden. Viele unserer Pflanzenschätze, beispielsweise die Glockenblumen, stehen auf ihrer Speisekarte ganz oben.
Natürlich bietet ein Steingarten mit seinen vielen Unterschlupfmöglichkeiten auch ideale Lebensbedingungen für diese unerwünschten Kameraden. Wir Gärtner haben im Lauf der Jahre eine ganze Batterie von Bekämpfungsmethoden praktiziert. Trotz Bierfallen, Asche, Kochsalz, Sägemehl und brutalem Zerhacken verlieren wir den Kampf immer wieder aufs Neue. Bewährt hat sich bei meinen Pflanzen nur die Bekämpfung mit Schneckenkorn. Seit ein neues umweltfreundliches Produkt mit dem Namen Ferramol auf dem Markt ist, gibt es auch aus ökologischer Sicht keine Bedenken dagegen. Ferramol enthält eine Eisenverbindung, die natürlich in unseren Böden vorhanden und für die Schnecken tödlich giftig ist. Seine Wirkung ist relativ unauffällig, da die Schnecken, nachdem sie davon gefressen haben, in dunkle Ecken wandern und dort verenden. Im Gegensatz zu den früheren Präparaten, die einen Ätzstoff enthielten, finden wir keine ekligen Schleimspuren mehr im Garten. Da alle Wirkstoffe gegen Schnecken leicht wasserlöslich sind, werden die Körner bei Regen jedoch schnell wirkungslos. Es ist deshalb sinnvoll, bei einer Anwendung nur wenig Mittel, ca. 5 g/qm, auszubringen und die Anwendung dafür je nach Witterung mehrmals zu wiederholen.

Insekten

Bis auf wenige Ausnahmen bereiten die verschiedenen Krabbeltiere keine Probleme im Steingarten. Gelegentlich treten **Blattläuse** auf. Solange sich ihre Zahl in Grenzen hält und die befallenen Gewächse kräftig entwickelt sind, müssen wir uns darum nicht kümmern. Verschiedene Nützlinge wie Marienkäfer, Schwebfliegen, Schlupfwespen und Florfliegen erledigen diesen Job für uns. An verholzenden Pflanzen finden wir bisweilen **Schildläuse.** Mit dem Fingernagel oder einem kleinen Holzstäbchen können sie meist problemlos abgeschabt werden. Wirklich problematisch können die Larven des **Dickmaulrüsslers** werden. Leider werden diese unterirdisch an den Wurzeln fressenden kleinen, Engerlingen ähnliche Schädlinge oft erst sehr spät entdeckt. Vor allem die Polster der moosigen *(Saxifraga arendsii)* und der großrosettigen Steinbreche *(Saxifraga callosa)* sind bevorzugte Opfer. Typisch für einen Befall sind trotz ausreichender Feuchtigkeit verwelkende Pflanzen. Entdecken wir Amseln, die an den Pflanzenpolstern herumrupfen und -hacken, sollten wir misstrauisch werden. Für die Vögel sind Dickmaulrüsslerlarven ein Leckerbissen. Bei der Bekämpfung dieser Schädlinge steht uns mit (*Heterorhabditis*-Nematoden) ein sehr gut wirksames biologisches Mittel zur Verfügung. Die Nematoden können über ein Gutscheinsystem im Fachhandel bezogen werden. Sie werden in Wasser aufgerührt und einfach

Dickmaulrüssler-Larven werden mit Nematoden biologisch bekämpft.

über die befallenen Flächen gegossen. Um sie gut in den Boden einzuwaschen, wird anschließend noch einmal mit normalem Gießwasser überbraust. Bei sehr starkem Befall kann eine zweite Anwendung notwendig sein. Pflanzen, deren Wurzeln abgefressen sind, wachsen meist wieder an, wenn wir sie rechtzeitig mit den restlichen Wurzeln eintopfen und etwas zurückschneiden.

Mäuse

Schäden durch Mäuse sind vor allem im Winter ein Problem – insbesondere dann, wenn wir eine Frostschutzabdeckung über dem Steingarten ausgebreitet haben. Vor den Nagern ist nichts sicher. Sie fressen Blätter und Triebe, aber auch ganze Wurzelstöcke einfach ab und verursachen somit oft den Totalausfall einzelner Pflanzen. Zuverlässig werden sie mit Fallen bekämpft. Als Köder hat sich Schoko- oder Nougatcreme bewährt. Fallen aus Kunststoff lösen sicherer aus als Holzfallen. Um den Köder vor Regen zu schützen, können die Fallen in flach liegende Konservendosen gestellt werden. Gelegentlich werden erlegte Mäuse mitsamt der Falle von hungrigen Mardern verschleppt. Ich binde die Fallen deshalb immer an eine kurze Schnur, die ich mit einem Nagel im Boden fixiere. Um auch in größeren Steingärten die Fallenstandorte sicher wieder aufzufinden, kann man sie mit bunten Stäben markieren.

Pilzkrankheiten

Sie stellen für die meisten Steingartenpflanzen gewöhnlich keine große Gefahr dar. **Echter Mehltau** tritt im Hochsommer gelegentlich an Kissenastern auf. Der **Nelkenrost** befällt mit kleinen braunen Pusteln auf der Blattunterseite grau- und grünblättrige Nelken. **Grauschimmel** tritt vor allem bei übermäßig feuchter Witterung auf. Er kann auch unter der Frostschutzabdeckung gefährlich werden. Von der **Wurzelfäule** werden eher die anspruchsvolleren, Trockenheit liebenden Pflanzen befallen. Für die Pilzbekämpfung stehen leider nur wenige biologische Mittel zur Verfügung. Der Fachmann kann anhand eines erkrankten Pflanzenteils eine Diagnose erstellen und dann das richtige Mittel empfehlen. Ist die befallene Pflanze gut entwickelt, reicht es oft schon aus, wenn wir die kranken Teile großzügig entfernen. Da viele Steingartenpflanzen auf verschiedene Pflanzenschutzmittel, auch auf biologische, sehr empfindlich reagieren, ist eine Testbehandlung ratsam. Der Einsatz der chemischen Keule ist in der Regel sowieso unnötig.

auf einen blick

- Die Unkrautbekämpfung umfaßt einen Großteil der Pflegearbeiten im Steingarten.
- Die standortgerechte Pflanzenauswahl erleichtert die Pflege erheblich.
- Ausreichende Düngung ist auch für Steingartenpflanzen wichtig.
- Besonders Schnecken können im Steingarten große Schäden verursachen.

Bezugsquellen und Adressen

Bezugsquellen

Viele der in diesem Buch besprochenen Pflanzen erhalten Sie in einer Staudengärtnerei in Ihrer Nähe. Adressen erhalten Sie über den Bund deutscher Staudengärtner beim Zentralverband Gartenbau, z. Hd. Frau B. Banse
Godesberger Allee 142-148
53175 Bonn

Folgende Staudengärtnereien haben sich auf Steingarten- und Alpinumpflanzen spezialisiert oder führen ein großes Sortiment (die Auswahl erhebt keinen Anspruch auf Vollständigkeit):

Arktisch-Alpiner Garten
Walter-Meusel-Stiftung
Schmidt-Rottluff-Str. 90
09114 Chemnitz
Tel.: 0371 / 42 68 95

Staudengalerie, Olaf Grabner
Hauptstr. 6
14806 Locktow
Tel.: 033843 / 40 410

Staudengärtnerei Jürgen Peters
Auf dem Flidd 20
25436 Uetersen
Tel.: 04122 / 33 12
www.Alpine-Peters.de

Erdorchideen-Gärtnerei M. Härtl
Eckhardsborn 2
34134 Kassel
Tel.: 0561 / 41 999 oder 05624 / 92 60 45
www.ihrgartenbau-haertl.de

Staudenkulturen R. Wauschkuhn
An der B3
34346 Hann.-Münden
Tel.: 05546 / 356
www.Wauschkuhn-Staudenkulturen.de

Botanische Raritäten, G. Wetzel
Oberkohlfurth
42349 Wuppertal-Cronenberg
Tel.: 0202 / 47 04 43

Farngärtnerei, Dirk Wiederstein
Hofhaide 12
56237 Sessenbach
Tel.: 02601 / 95 02 68
www.farn-gaertnerei.de

Staudengärtnerei Eidmann
Groß-Umstädter Str. 20
64823 Groß-Umstadt/Semd
Tel.: 06078 / 6148

Baumschule Grübele, Herbert Grübele
Martin-Luther-Weg 14
71554 Weissach im Tal – Unterweissach
Tel.: 07191 / 51 234
www.gruebele.de

Alpengarten Pforzheim, Joachim Carl
Auf dem Berg 6
75181 Pforzheim
Tel.: 07231 / 70 590

Staudengärtnerei Max Schleipfer
Sedlweg 71
86356 Neusäß bei Augsburg
Tel.: 0821 / 46 44 50

Botanischer Alpengarten,
F. Sündermann
Aeschacher Ufer 48
88131 Lindau / Bodensee
Tel.: 08382 / 54 02

flora montana
Hans Martin Schmidt
Unterlottermühle 1
91555 Feuchtwangen
Tel.: 09856 / 97 65 15

Staudengärtnerei
Siegmar Poltermann
Weimarische Str. 27f
99099 Erfurt
Tel.: 0361 / 42 14 918

Alpina, Renate Jakobi
Lengenfelder Str. 10
99976 Struth / Thür.
Tel.: 036026 / 90 723

In Österreich

Staudengärtnerei Sarastro,
Christian Kreß
A-4974 Ort / Innkreis 131
Tel: +43 664 / 26 10 362
www.sarastro-stauden.com

Staudengärtnerei Feldweber,
F. Feldweber
A-4974 Ort / Innkreis
Tel.: +43 7751 / 320

In der Schweiz

Staudengärtnerei Jakob Eschmann,
???Waltwil
CH-6575 Emmen
Tel.: +41 41 / 26 06 473

Weinland-Stauden, Gärtnerei Frei
Breitestr. 5
CH-8465 Wildensbuch
Tel.: +41 52 / 31 91 230

Adressen

Wichtige Pflanzengesellschaften für Steingartenfreunde:

Gesellschaft der Staudenfreunde e. V.
Eichenstr. 5
68259 Beindersheim
Tel.: 06233 / 37 18 37
www.gds-staudenfreunde.de

The Scottish Rock Garden Club
SRGC Membership Secretary
P.O.Box 14063
Edinburgh EH 10 4YE, UK
www.srgc.org.uk

The Alpine Garden Society,
AGS Centre, Avon Bank, Pershore
Worcestershire, WR10 3JP, UK
www.alpinegardensociety.org

North American Rock Garden Society
Jacques Mommens
PO Box 67, Millwood
NY 10546, USA,
www.nargs.org

The New Zealand Alpine Garden Society
P.O.Box 2984, Christchurch, New Zealand

Eine weitere Möglichkeit, sich mit Gleichgesinnten zu treffen und auszutauschen, besteht bei den Freundeskreisen der botanischen Gärten. Wenden Sie sich deshalb bitte an einen botanischen Garten in Ihrer Nähe.

Stichwortverzeichnis

Seitenzahlen mit * verweisen auf Abbildungen.

Bildnachweis:

Borstell: 2/3, 6
Bühl: 91
Hagen: 33, 34o, 43u, 56u, 71o
Kammerlander: 1, 12o, 16, 24, 29o, 32, 35u, 42o, 43o, 50o, 54o, 54u, 62, 77u, 81, 83, 89
MaeDia: 85
Pforr: 40, 4u, 7, 27, 36, 39o, 39u, 44, 60u, 63ul, 63ur, 71u, 76
Pforr E.: 10, 31
Reinhard: 5, 12u, 15l, 21, 28, 35o, 40, 41u, 45o, 47, 48o, 49, 50u, 51, 53u, 55u, 57, 59u, 65o, 66o, 67, 69o, 70o, 72o, 74o, 80, 82, 84u
Roth: 42u, 56o, 66u
Sammer: 90
Schmidt: 18, 22, 25, 34u, 86o, 86u, 87l, 87r
Seidl: 8, 9, 13, 14l, 14m, 14r, 15r, 17u, 17o, 19, 20, 29u, 37o, 37u, 38o, 38u, 45u, 46, 48u, 52, 53o, 55o, 58, 59o, 61u, 63o, 64, 65u, 68o, 68u, 69u, 70u, 73o, 74u, 75o, 75u, 77o
Stork: 30
Strauß: 41o, 60o, 61o, 72u, 73u, 84o, 88

Die Deutsche Bibliothek – CIP-Einheitsaufnahme

Ein Titeldatensatz für diese Publikation ist bei Der Deutschen Bibliothek erhältlich

Grafiken: Heidi Janiček

BLV Verlagsgesellschaft mbH
München Wien Zürich
80797 München

Umschlaggestaltung:
Studio Schübel, München

Umschlagfotos: Borstell (Vorderseite oben und unten), Adams (Rückseite unten)

Layoutkonzept Innenteil:
Studio Schübel, München

Lektorat: Dr. Thomas Hagen
Herstellung: Hermann Maxant

Layout und DTP: Anton Walter und DTP-Design Walter, Gundelfingen
Reproduktionen:
Repro Ludwig, A-Zell am See

Druck und Bindung:
Stalling, Oldenburg

Gedruckt auf chlorfrei gebleichtem Papier

Printed in Germany · ISBN 3-405-16285-8